加賀・能登 アイサの生活語辞典

加藤和夫 監修／藤島学陵 著

ま　え　が　き

　「ものごとを分かる」とは「ものごとを線を引いて、分割して判断する」ということにつながる。例えば生き物を動物と植物に分けるというふうに。しかしながら実際上は、動物にも分類しかねるし、植物にも分類しかねるものが存在する。ホヤが一例である。また南方熊楠の見出した粘菌類にもある。

　それと同じように、日本という国を例えば地方別に分けるとする。これは政治的には可能であろうが、精神文化の面でも可能であろうか。Aという家とBという家が隣合っていて、A家から以北は能登地方だがB家以南は加賀であるというのは果たして文化上可能だろうか。そのような境界は漠然とした線で引かれるのであって、決してA家B家を分断するようなはっきりとした線ではないはずだ。したがって内灘という町も、その曖昧な線の上に存在していると解したい。

　内灘の近辺には、「加賀の縁」の意の「加賀の詰まり」をあらわす地名、金沢市蚊爪町や津幡町加賀爪があるが、その意からすれば内灘という場所は加賀の外に位置することになろう。しかし、文化の上では金沢市粟崎町と同様、加賀文化の影響を受け、また加賀文化に対し大きな影響を与えている。兼六園のシンボル、また金沢市、否、石川県のシンボルともなっている「ことじ灯篭」の寄進者は粟崎の木谷家か、向粟崎の島崎屋かといわれていることからも理解できるであろう。

　しかしながら、文化ということを念頭におくならば、内灘は加賀文化のはずれにあり、能登文化の入口にあることは誰しも否定できぬであろう。その非常に興味深い両文化の接点に存在する内灘の文化を反映する内灘の方言が、近年どんどん凄まじい勢いで消え去っていっている。残念至極である。それ故に、少しでも我々の記憶に残っているものを、年長者の知恵や記憶もお借りしながら、記録として後世に残したいと思うものである。

　急速に方言が消えていくことの原因として考えられるのに、学校教育、テレビ・ラジオなどのマスコミの影響、他所からの嫁取り、他県からの転入などがあろう。また都市化が進むということは、その土地で生まれた人達だけで地域社会を構成できないということにもなる。家庭内でも祖父母も両親もそろって

1

地元の生まれであるということが極めて少なくなっている。現役の当地の方言のネイティブ・スピーカー自身が、その方言の消滅してしまう前に、自らの生活語を自らの手でまとめて記録しておくこと。そのことが、その文化を育んだ言語を後の世に伝えるのに、最も正確で最も良い手段であるように思われる。

　語彙・写真・資料の収録にあたっては大勢の方の御協力を得ました。その方々のお名前は別に記してあります。ここに深くお礼を申し上げる次第です。また本書に収録されたことばの中には、差別的表現ないしは差別的表現ととられかねない箇所があります。しかし、本書の意図は、決して差別を助長するものではないこと、ありのままの言語の歴史を残すことの学術上の意義に鑑み、そのままといたしました。各位の御賢察をお願い申し上げます。

　また参考資料として利用させていただいた著書・論文などの主なものは別記しておきました。初めて方言辞典を作成するに当たり、金田一春彦氏、平山輝男氏、和田実氏などの著書・論文をおおいに参考にさせていただきました。本書の雛形となったのは井之口有一氏・堀井令以知氏の共編著の『京ことば辞典』です。先人の業績とご苦労に感謝申し上げる次第です。最後に、金沢大学教授、加藤和夫先生には、御多忙にも関わらず何度も、しかも詳細にわたり訂正・助言・御指導をいただきました。衷心より感謝申し上げます。

　2016年2月

　　　　　　　　　　　　　　　　　　　　　　　　　　　藤島学陵

監修のことば

　この度、藤島学陵氏が四半世紀近くにわたって調査・収集を続けて来られた出身地・内灘町向粟崎の生活語をまとめた方言語彙集『加賀・能登アイサの生活語辞典』が刊行されることを大いに喜びたい。

　振り返れば、20年近く前の1997年のある日、当時金沢大学でドイツ語の非常勤講師をお務めだった藤島氏からご連絡があり、本辞典の試作版ができたので内容に目を通してほしいとのご依頼があった。聞けば、1990年に調査を開始し、その後7年ほどの間に収集された方言語彙を一旦まとめられたもので、ワープロでプリントアウトされたもので100ページ近い量に及ぶ力作であった。あれからずいぶん時が経ち、そのときに私が試作版の内容について、どれほどのアドバイスができたかは定かではないのだが、当時、石川県内で個人がまとめられた方言集というと、志受俊孝（1983）『金沢の方言—金沢弁のいろいろ—』（北国出版社）と中島桂三（1996）『ワガ゚ミのことば辞典』（自家版）がある程度だったので、石川県内の方言語彙集として当時最も優れたものであった野々市町方言の語彙を記録した中島桂三氏の『ワガ゚ミのことば辞典』もお見せして、ぜひ一日も早く刊行していただくようお勧めしたと記憶している。

　ただ、その後、ご連絡がないまま相当時間が経過したが、その間も調査と原稿整理を継続されていたようで、昨年の春に改めて藤島氏からお電話を頂戴し、いよいよ能登印刷から刊行準備ができたので、改めて監修者としてゲラに目を通してほしいとのご依頼があり、喜んでお引き受けした次第である。監修をお引き受けした立場で、その後、仕事の合間を縫って辞典の記述内容を念入りに確認し、初校では相当赤も入れさせていただいた。校正は3回に及んだが、私が校務多忙のため、校了に至るまでに予想以上に時間を要したことを改めてお詫びしたい。

　本辞典は、『加賀・能登アイサの生活語辞典』の書名にある通り、加賀地方と能登地方のアイサ（中間）の地である内灘町向粟崎の方言生活語彙を、藤島氏ご自身の内省と、当地生え抜きの20名余りの協力者の聞き取りによってまとめられたものである。ただ、石川県の方言区画で言う能登方言と加賀方言の境界線は、向粟崎よりかなり北の現かほく市と宝達志水町の境にある大海川付近に

あるとされ、隣接する金沢市粟崎町の方言がそうであるように、加賀地方の中心である金沢方言の影響を強く受け、共通する方言語彙も多いが、本辞典の見出し語や用例の中に示された音声変種などを見ると、金沢方言の語彙と微妙に異なるものが意外に多いことにも気づかされる。

　本書に収められた多くの方言語彙の記述の特色は、生活語の意味とともに、非常に多くの用例が表音的片仮名表記と共通語訳とともに載せられている点である。アクセントの記載がないのは惜しまれるが、その用例を見ていると、それらの方言の生活語が生き生きと使われている場面が眼前に展開するようでもある。藤島氏が真宗大谷派寺院のご住職であるため、仏教関係の生活語が多く収録されていること、また、一般に方言辞典や方言集の見出し語から除外されることが多い、共通語と語形や意味が同じものでも載せられているものがあることも特色の一つと言えよう。たとえ共通語と形や意味が同じでも、もともと内灘町向粟崎で生活語として使われているならば、それは紛れもなく当地の方言だからである。なお、本編には方言の生活語が50音順で並ぶが、巻末に「共通語引き索引」があり、方言語彙の検索に便利である。

　この間、石川県内では、ともに加藤が監修をお引き受けした、加藤継満津氏による『石川県白峰村の生活語彙辞典』（2005年）、そして加賀市の野田浩氏による『石川県加賀市生活語彙辞典〈大聖寺地区編〉』（2007年）、『石川県続加賀市生活語彙辞典〈続加賀市の方言〉』（2012）という個人レベルでの優れた方言辞典が刊行されたが、本書はそれに続く優れた方言辞典の誕生である。

　ただ、藤島氏が「まえがき」でもお書きのように、本書に収められた方言語彙の多くは衰退に向かっており、その意味で、本書は20世紀末から21世紀初頭にかけての向粟崎方言の貴重な記録である。方言の語彙記述には終わりがないが、今後は、本辞典を基礎とした新たな研究を期待するとともに、学校教育など、さまざまな場面で活用されることを望みたい。

　最後に、あらためて本辞典の刊行をお祝いするとともに、藤島氏のますますのご健勝とご活躍を祈念し、監修の言葉としたい。

2016年1月5日

金沢大学教授　加藤 和夫

目　次

まえがき……………………………………………………………　1

監修のことば………………………………………………………　3

本書の見方…………………………………………………………　6

加賀・能登アイサの生活語辞典…………………………………　9

付録

　　内灘町方言の主な特徴………………………………………　96

　　共通語引き索引………………………………………………　102

ご協力いただいた方々……………………………………………　119

主な参考文献………………………………………………………　120

本書の見方

見出し語、品詞、共通語訳、関連語、位相・語源・解説・例文の順序で概ね
記す。

【品詞】
名詞は特に記載なし。
［代］代名詞
［五］動詞五段活用
［一］動詞上一段活用または下一段活用
［カ変］動詞カ行変格活用
［サ変］動詞サ行変格活用
［形］形容詞
［形動］形容動詞
［副］副詞
［接］接続詞
［感］感動詞
［助］助詞
［助動］助動詞
［接頭］接頭辞
［接尾］接尾辞
［慣］慣用句
［疑］疑問詞
［補］補助動詞
［連］連語

【位相】
〈幼〉幼児語
〈若〉若者語
〈壮〉壮年語

〈老〉老人語

〈女〉女性語

〈男〉男性語

〈丁〉丁寧語

〈尊〉尊敬語

〈謙〉謙譲語

〈蔑〉軽蔑した言い方

〈古〉古くなった廃止語

〈新〉新語

〈上〉上流階級の使う言葉

〈般〉一般庶民の用いる言葉

〈共〉共通語と同じ用法

〈仏〉仏教関係語

※語源

／例文

【その他の留意事項】

・語源はなるべく一種類にしぼった。

・造語法解説も取り入れた。

・例文は極力多くつけた。

・方言のみ文節分かち書きで表音的カタカナ表記にした。共通語は漢字とひら
  かな混じりで表記した。

・調査期間は1990年〜2015年。

・調査対象は内灘町向粟崎に生まれ育った人で、なるべく両親も向粟崎に育っ
  た人。

・共通語と同じ形の語も載せたものがある。

・若干の分類別の単語リストも載せた（身体部位、雪・雨に関する名前）。

・類似の共通語や他地方の類似語も載せて、語義や用法の相違を説明した。

・本書に収録されたことばの中には、差別的表現ないしは差別的表現ととられか
  ねない箇所があるが、本書の意図は、決して差別を助長するものではないこと、
  ありのままの言語の歴史を残すことの学術上の意義に鑑み、そのままとした。

加賀・能登アイサの生活語辞典

ア

アアン ［感］ことばやその内容がよく理解できなくて、問い返す時のことば／アアン ナンヤテ？（えっ、なんだって？）。

アイサ 間。あいだ。中間。アワサとも。／カエッタラ スンニ ドッカ アスンニ イッテシモテワー アイサニ チョッコシ テッタイ グライ シタラ ドーヤイネ（帰ったら直ぐにどこかへ遊びに行ってしまって、合間に少し手伝いでもしたらどうだね）。タタミノ アイサニ ゴッミャ ツマットル（畳の間にゴミがつまっている）。

アイソナシ ［慣］①愛想の無い人。愛想の無いこと。②待遇の不十分なこと。／アイソナシヤッタネ スンマセン（もてなしが不十分ですみません）。

アイソラシ ［形］①愛想のある。②たくさんある。なかなか減らぬ。

アイソンナイ ［形］愛想のない。ものたりない。なんとなく寂しい。アイソモナイ、アイソムナイとも。／アイソンナイ ヒトヤ（愛想のない人だ）。ホンナ アイソンナイ コト イワントイテ（そのような寂しくなるようなこと言わないで下さい）。オッカサンモ ノーナレテ アイソンナイ コッチャネ（お母さんも亡くなられて、寂しくなることですね）。

アイタタ 怪我。痛いこと。イタイイタイとも。〈幼〉／ホンナ モンニ サワッテー アイタタヤゾ（そんなものにさわると痛い目

にあうよ）。

アイー ツキー ［感］ああしまった。失敗した時などの感嘆詞。アー ツッキ や単にツッキー や ツッキ とも。

アイノカゼ 東北の方向から吹く風。漁師ことば。季節をとわずにそう言う。

アオトー 青唐辛子。

アオノク ［五］仰向く。／アオノキ テン バカイテ ヒックリカエッタ（仰向けにひっくり返った）。

アカガネ 銅。〈共〉※「赤金」。

アカシャ 針槐（はりえんじゅ）。ニセアカシア。マメ科の落葉高木で内灘では防風林・防砂林として古くから植えられ、また新しくは並木としても用いられている。※「アカシア」の転化。

アカダ 沙蚕（ごかい）。釣りの餌。

アガット 上がった所。［関連］マガット（曲がり角）。／ゲンカンノ アガットニ オイテキタゾ（玄関を上がった所に置いて来たぞ）。

アカネジラガレイ （魚名）あかしたびらめい。

アカブナ （魚名）きんぶな。鮒の一種。

アカママ 赤飯。

アカメコ （魚名）ぼらの一種。サンサイ、シロメコとも。

アキショヤ ［形動］飽きっぽい。すぐに飽きる。堪え性のない。我慢強くない。続かない。／マタ シゴト カエタンカ アキショナ ヒトヤナ（また仕事をかえたのか、飽きっぽい人だな）。

アグチ あぐら。アゴチとも。［関連］オンナニマリ（正座）、ミロニマリ（正座）、ヨ

ア

コニマリ（膝をくずして足を横に出して座る座り方）。／アグチカク（あぐらをかく）。ヨコニマリ のことを ミロニマリ と言う人もいる。

アゲクニ　［副］最後には。果てには。結局は。／ホンナニ ハタライテ アゲクニ ヤマイニ ナッゾイヤ（そのように働いては、最後には病気になるよ）。

アコ　［代］あそこ。

アゴタ　顎（あご）。／スルメ カンドッタラ アゴタ ダヤーナッタ（スルメを噛んでいたら顎がだるくなった）。

アコナル　［連］赤くなる。／ワシ サケ ノンダラ スンニ カオ アコナルガンヤ（俺は酒を飲んだらすぐに顔が赤くなるんだ）。

アコノチ　あそこの家。※「あこのうち」の転。

ア サッテ　［感］ああ、さてと。［次の行動に移る際に、自問したり人を誘うような気持ちで使う］／ア サッテ ソロソロ カエッカ（ああ、さてと、そろそろ帰ろうか）。

アシタ　明日。／アシタノ ヨーサリ チョッコ オマントコ アソンニ イクワ（明日の夜、ちょっと、お前のところへ遊びに行くよ）。

アシタ　足駄。下駄。〈古〉

アジチ　分家。［関連］オモヤ。

アシナイ　［形］忙しい。多忙だ。せわしい。アセナイ とも。

アジナイ　［形］味がしない。味覚が無い。／カゼ ヒートッサカイカ クッチャ アジナテ ナーンモ マーナイ（風邪をひいているからか、口が味覚が無いので、何も美味しくない）。

アシメル　［一］当てにする。／オマン アシメニ シトッゾ（あなたを当てにしているよ）。ヒトバッカ アシメトラント ジブンデ ヤッタラ ドーヤイネ（他人ばかり当てにしていないで、自分でやったらどうですか）。

アスブ　［五］遊ぶ。／マタ カエッタラ スンニ アスンニ イクー。チョッコ ベンキョ デモ シタラ ドーヤイネ（また帰ると直ぐに遊びに行く。少し勉強でもしたらどうだね）。

アゼカエス　［五］混ぜあわせる。マゼコチャニスル とも。

アセクラシ　［形］忙しい。多忙だ。せわしい。アシクラシ とも。／アア アセクラッシャ（ああ忙しい）。

アセクル　［五］多忙にして過ごす。アシクル とも。［関連］アセクラシ。／アセクッテ バッカデ ナンモ ダチャカン ワイネ（忙しくしているばかりで、どうにも駄目だよ）。

アセナイ　［形］忙しい。多忙だ。せわしい。アシナイ とも。

アセナースル　［サ変］忙しく過ごす。アシナースル とも。

アタクソ　はらいせ。報復。仕返し。仇。アタク とも。

アダケル　［一］ふざけて遊び騒ぐ。

アタル　［五］もらえる。／ゲッキュー アタッタ（月給をもらった）。マダ オコズカイ アタランガン？（まだ、お小遣いをもらえないのかい）。

アチイ　［形］暑い。熱い。［関連］暑がりな人のことを アツガリ または ヌクガリ とも。ヌクイ［形］はどちらかと言えば「暖かい」の意。／キャ モノスン アッチイ ヒ

ヤネ（今日はものすごく暑い日だね）。

アチチ　①熱いこと。②火。熱いもの。〈幼〉／オツユ　アチチヤシ　フーフー　ショネ（御汁が熱いから、息をふうふう吹きかけて冷まそうね）。

アッカンベ　嫌だという意志表示。〈幼〉［指で片方の眼の下瞼を押し下げて、舌を長く出して、嫌だという意志表示をするしぐさのこと］／ヤーワイネ　ホンナ　コト　アッカンベーヤ（嫌だよ、そんなこと、嫌だよ）。

アックリスル　［サ変］飽きる。もういやだ。アックットスルとも。

アッケー　［形］赤い。アッカイとも。

アッケラカント　シトル　［連］なにも責任を感じず、のほほんとしている。／アンナ　コト　イートイテ　アッケラカント　シトルワ（あんなことを言っておいて、何も責任を感じないでいるよ）。

アツシル　［サ変］温める。熱くする。／ミソシル　アツシテ（味噌汁を温めて）。アツシントイテ（温めないでおいて）。アツシットキャ　ヤケド　シンヨニ　キー　ツケニャ（熱くする時は、やけどをしないように気をつけなくては）。ハヨ　アツシーマン（早く熱くしろよ）。

アッタケ　［副］全て。全部。※「あるだけ」。アッタキとも。／ナンデモ　アッタケ　モッテコイ（何でも全部もってこい）。アッタケ　タベテモタ（全部食べてしまった）。

アッタケー　［形］暖かい。

アッタラモン　もったいないこと。※「あたらもの（惜物）」の転。

アッチ　［代］①あちら。彼方。②先方。彼。彼等。［関連］アッチャ（彼方は。先方

は）。コッチャ（当方は）。

アッチアワンサキ　金沢市粟ヶ崎町のこと。ハシアワンサキとも。

アッチビタ　［代］あちら。遠くの方。［関連］コッチビタ（こちら）。

アッチャコッチャ　正反対。あべこべ。／ボク　クツ　アッチャコッチャヤ（坊や、靴があべこべだ）。

アッチャ　ムク　［五］そっぽを向く。

アッツイ　［形］暑い。厚い。熱い。／アッツイ　フロ　ヤッター（熱い風呂だった）。「暑い、厚い、熱い」のうち、どの意味で用いても同一のアクセント。

アッノチ　あそこの家。※「あこのうち」の転。

アッラ　［感］わあ。アッルァとも。［主に男性用語］※「あら」。／アッラ　イッテー（わあ、痛い）。

アッライヤ　［連］あるんだぞ。アルワイヤとも。

アテガイナ　［形動］いいかげんな。しっかりしていない。信用できない。／オマンモ　アテガイナ　ヤッチャナー（あなたもいいかげんなやつだなあ）。

アテコスリ　嫌味。皮肉。いやがらせの言葉や行為。アテツケとも。［関連］アテコスル　［五］（いやがらせを言う）。／アテコスリ　ユー。アテコスリスル。

アナイニ　［副］あんなに。／アナイニ　ネトッテカラ　マダ　ネッタイガンカ（あんなに寝ていたのに、まだ眠いのか）。

アネサ　嫁。主婦。アネサマ、アネサンとも。［関連］アネサン　カブリ（家の掃除などの仕事をする時に、女性がすっぽり頭に

かぶって後頭部で手ぬぐいの両端を結ぶ手ぬぐいのかぶり方）。

アノー アリヤ ［感］あのう、あれです。アノー アリヤトコ（老）、アノー アリヤチャとも。［言葉がつかえたりする時、つなぎ・呼びかけとして非常によく用いられる］／アノー アリヤ ホリャ アコノチ デンワ シトッテ モラエンカ（あのー、あれだ、ほら、あそこの家に電話をかけておいてもらえないかな）。

アノーオ イーテヤッカ ［慣］あのねえ。アノーオ イーチャッカとも。［子供が非常によく用いる言葉］［話し始める時の相手への呼びかけとして用いる］「あのー、言ってあげようか」の意で相手の承諾を得ようとしているのではなく、単なる呼びかけの「あのね」にあたる。

アビル ［一］泳ぐ。アベルとも。※「浴びる」。／アビニ イク（泳ぎにゆく）。

アブチ 仲間。友人。大根布のことば。

アブラムシ ごきぶり。

アマ ２階にある、薪など用の物置。／ホノ タキモンナ アマニ アゲトケヤ（その薪は２階の物置にあげておけよ）。

アマイコトナイ ［連］大変だ。苦労だ。

アマケ 雨模様。※「雨気」／アマケガ シトル（雨が降りそうだ）。

アマサギ （魚名）わかさぎ。公魚。

アマラカス ［五］余す。アマラスとも。

アミダサン ①南無阿弥陀仏。②阿弥陀仏。アンダサンとも。※「阿弥陀様」。①浄土真宗の御本尊。「南無阿弥陀仏」という６字の掛け軸、または阿弥陀仏の絵姿の掛け軸か、あるいは阿弥陀仏の木像のうちのどれかを御本尊とする。②阿弥陀仏または阿弥陀如来という。「量り知れない寿（いのち）」、「量り知れない光」の意味。西方（さいほう）浄土に住み、すべての人間を救おうという誓いをたてた仏様。

アメ ネブラス ［慣］賄賂を使う。怒っている者をだまして宥める。喜ばせて油断をさせる。／アメ ネブラサレテ ホンデ ダマットランカ（だまされ、なだめられて、それで、黙っているのか）。

アメリカ 蛾の一種。アメリカシロヒトリ。ヒトリガ科のアメリカ白火取の特に幼虫のことを指して言う。樹木の害虫。／アカシャト サクランキニ ヨー アメリカガ タッテ ドモ ナランガヤ。ショードク ナンベン シッコッチャ。ヒドーナルワ。（にせアカシアと桜の木によくアメリカシロヒトリの幼虫がたくさん発生して、どうしようもないんだ。消毒も何回することでしょうか。疲れてしまいますよ。）

アヤマチ 怪我。過失。／ホンナ コト シテ アヤマチデモ シタラ ドースライネ（そんなことして、怪我でもしたら、どうするんだ）。

アラチ ［代］彼ら。あの人達。アッチ、アッチャ、アラッチャとも。

アワサ 間。隙間。アイサとも。／トノ アワサカラ ソート ノゾイトッタンヤロ（戸の隙間からそうっと覗いていたのだろう）。

アワンサキ 内灘町向粟崎。※「青崎」。

アン 仏前にお参りすること。ナンナとも。〈幼〉〈仏〉／ナンナー アン ショネ（なんまんだーとお参りしようね）。

アンカ 長男。アンサ、アンサマ、アンカ

マとも。

アンダケ ［副］あれだけ。あれほど。

アンチャン 長男。兄。青年。オアンサンとも。

アンナイ ［形］危ない。危険な。／ミチバタデ アスンダラ アンナイガンヤゾー（路上で遊ぶと危ないぞ）。ホンナ トコ アシカケタラ アンナイゾ（そのような所に足をかけたら危ないぞ）。

アンナリ あのまま。／アン ダラ ドコ イッタンカ アンナリ マダ カエッテ コンガイネ（あの馬鹿が、どこへ行ったのか、あのまままだ帰って来ないんだよ）。

アンポンタン 馬鹿。ダラとも。※「安本丹」（薬の名前で、反魂丹になぞらえたもの）。ダラよりも語調が柔らか。

アンマリヤ ［連］あまりな。残酷な。ひどい。むごい。非情な。

アンマリシタコト ［連］むごいこと。ひどいこと。無情なこと。

アンヤト ［感］有り難う（お礼の言葉）。

イ

イーカゲンナ ［連］［形動］①ほどよい。②ほどほど。③信用できない。①［ほどよい程度］／アンヤト チョード イーカゲンノ フロ ヤッタワイネ（有り難う、丁度程好い湯加減のお風呂だったよ）②［ほどほど］／チョット アンタ ノンガモ イーカゲンニ シトクマッシヤ（ちょっとあんた飲むのもほどほどにしておきなさいよ）。③［信用

できない］／アリャー イーカゲンナ ヤッチャナー（あれは信用できない奴だなあ）。

イーカッコシー ［連］見栄っ張り。見栄を張る者。

イーガニ ［副］良く。正しく。チャントとも。／イーガニ スワロ（正しく座りなさい）。イーガニ シテヤ（うまくしてくれよ）。イーガニ イートクワ（うまく言っておくよ）。

イーキナ ［形動］平気な。無頓着な。無責任な。／ゼンブ ヒトニ マカシトイテ イーキナ モンヤ（全部人にまかせておいて無責任なものだ）。

イークライヤ ［連］［形動］結構だ。良い。良い状況である。／コトシャ マダ シロナラン サカイニ イークライヤ（今年はまだ雪が降って白くならないから結構だ）［挨拶語］［若年層は用いない］。イークライナネー ハヤ ナオッタンカイネ（良いことだね、早くも良くなったのかね）。キャマイガニ ハレテ イークライヤ（今日はうまく晴れて結構なことだ）。ホーカ ビョーキ ナオッタンカ イークライヤ（そうか、病気が治ったのか、結構なことだ）。イークライナニー ウマレタン オトコ ヤッタンヤテニ（よかったねえ、産まれたのが男の子だったそうだね）。

イータイコトイー ［連］何でも無遠慮にいう人。

イーツキー ［感］①あーあ、やだなあ。②あーあ、本当かな？

イカキヤ 鋳掛け屋。やかんや鍋・釜の破損部分に詰物などをして修理する人。昭和30年代頃まで、年に何回か定期的に巡回し

イカズゴケ

て来た。

イカズゴケ お嫁に行かない独身の女性。大根布では「アバ」。

イカナテテ ［連］どういたしまして。［挨拶］。

イガム ［五］歪む。

イカレル ［一］駄目になる。役に立たなくなる。壊れる。／コノ オモチャ イカレタ（このおもちゃが壊れた）。イカレタ ヤッチャ（ものの役に立たない馬鹿な奴だ）。ノミスギット カラダ イカレルゾイネ（飲みすぎると体が駄目になるよ）。［「イカレタ」は物や人間に対してのみ用い、動物に対しては用いない］

イキアタル ［五］時間が差し迫る。切羽詰る。イッキャタルとも。／ナンデモ イッキャタラント シンガイネ（何事も切羽詰らないとしないのだね）。イツンカモ イキアタッテワー アワテトル（いつも切羽詰ってはあわてている）。

イキドーシー ［形］胸苦しい。

イクシトル ［五］狂っている。頭がおかしくなっている。イカレトル［五］とも。／チョッコ アタマ イクシトランデ ナイカイヤ（少し頭がおかしくなっているのではないかね）。

イクス ［五］くれる。／イクサッシャイ（よこしなさい）〈老〉。ハヨ イクシマン（早くよこせよ）〈壮〉。

イゴフク ［五］嫌味を言う。人の困ることを言う。

イササ （魚名）はぜ科の素魚（しろうお）。イサザとも。体長約5cm。細長く透明な魚体。生きたままおどり食いにする。

イサドイ ［形］①立派な。②思い上がった。偉そうな。①／イサドイ ヒトヤ（立派な人だ）［賞賛］。②／アンマシ イサドイコト イワントケヤ（あまり思い上がったことを言うなよ）［脅し・警告］。

イサドクラシ ［形］ご立派な。［皮肉・非難］／イサドクラシ オマンニ ホンナ コト デキルワッキャ ナイヤロ（ご立派なことを言う、お前にそんなことができるわけがないだろ）［皮肉］。

イサブル ［五］揺する。

イサル ［五］威張る。偉ぶる。／イサットンナヨ（威張っているなよ）。イサッテ アルイトル（威張って歩いている）。

イジクラシ ［形］うるさい。イジルカシ、イジッカシ、コジッカシとも。／イジクラシ ヤッチャナー（うるさい奴だなあ）。イジッカッシャ（うるさいな）。

イジクル ［五］いじる。

イシナ 石ころ。小石。※「いしなご」の下略形。

イソガシ ［形］①せわしい。うるさい。②多忙な。／アリー イソガシ ヒトヤニ。アッチ イッタリ コッチ イッタリ。チョッコ チント シトンマッシマン（あれーせわしい人ですね。あっちへ行ったりこっちへ行ったり。少しじっとしていなさいよ）。

イタイイタイ 痛いこと。怪我。〈幼〉／子供の痛がっている所に手を当てて、イタイイタイ トンデケー ホラ トンデッタヤロ（痛いのが飛んでいけー、ほら飛んで行っただろ）。

イタメル ［一］痛めつける。ちょうちゃくする。乱暴をはたらく。イタミルとも。

イチガイナ　［形動］頑固な。意見を曲げぬ。

イチコロ　①１回でけりがつくこと。即座に結果がでること。②負けること。負かすこと。①／アノコ アンマシ ウッツシ カッタンデ イチコロニ ナッテシモタ（あの娘があまりにも美しかったので、いっぺんでとりこになってしまった）。

イッキョ　［慣］①行くぞ。②行こう。／オイ ワシモ イッキョ。サキ イクナマ（おい俺も行くぞ。先に行かないでくれよ）。サー イッキョ イッキョ（さあ行こう行こう）。

イッコ　麦こがし。独特の香ばしい風味がある。※「煎り粉」／イッコデモ カイテ タベッカナ（麦粉菓子に湯を入れてかき混ぜて食べようかな）。

イッサイガッサイ　［副］すべて。全部。

イッショクタ　ごちゃ混ぜ。／オマント イッショクタニ シンナイヤ（お前と同じだと思うなよ）。

イッスグ　［五］濯ぐ。

イッチョマイ　一人前。／ゴタバッカ ムクガン マーテ マダ ナンモ デキンガイネ。マダマダ イッチョマイデ ナイワイネ（口で理屈を言うのばかり上手で、まだ何もできないんだよ。まだまだ一人前でないよ。）

イッチョラ　一張羅。只１枚のみの大事な着物。／キャ インジャノ ヨメドリヤシ アノ イッチョラ キンナン（今日は親戚の結婚式だから、あの大事な晴れ着を着なければいけない）。

イットマッコニ　［副］一度に。いっぺんに。／マゴドマー トマンニキテ ボント ショーガッツァ イットマッコニ キタミタ イナ モンヤワイネ（孫たちが泊まりに来て盆と正月が一度に来たみたいなものだよ）。

イッピキ　ひとつ。ちょっと。一度。／アタマ イッピキ カッテクルネ（ちょっと散髪してくるね）。カキモチ イッピキ タベマッシ（かき餅を一つ食べなさいよ）。イッピキ ションベンデモ シテクッカ（ちょっと小便でもして来ようか）。アンヒター ワショリ イッピキ ウエヤワイヤ（あの人は私よりも年齢が一つ上なんだよ）。

イッペン　［副］一度。一回。ちょっと。イッペ［副］とも。／イッペン ウチニモ キテクタンシマ（一度、我が家にも来て下さいよ）〈老〉。

イッペンモ ナイ　［慣］すっかり駄目だ。〈老〉／コンナ ジブンニ ナッテ ユキャ デ カイコト フッテカラニ ナーモ ハヤ イッペンモ ナイワ（このような時期になって、雪がたくさん降ったものだから、いやはや、すっかり駄目だよ）。

イッツンカモ　［副］しょっちゅう。いつもいつも。イッツンカモ、イーツンカモ、イ ツンカ、イツモカモ、イツモカンモとも。／イツンカモ オンナシ コトバッカ（いつもいつも同じことばかり）。

イテ　［形］痛い。イテー、イッテー［形］とも。

イトシ　［形］可哀相な。

イトッシャ　［形動］可哀相だ。／イトッシャノー ナカナカ ナオランカイネ（可哀相にねー、なかなか治らないかい）。

イナオレ イナオレ　［感］「おさまれおさまれ」の意。地震が起きた時に唱える言葉。［関連］ジシンガ イク（地震が起きる）。

イナダ 鰤を乾燥させたもの。[料理] 贈り物として、よく用いる。

イノカス [五] 動かす。／ツクエ イノカスナイヤ ジー カケンヤロ（机を動かすなよ、字が書けないだろ）。

イノク [五] 動く。イゴク [五] とも。[関連] イノカス [五]。／クルマノ エンジン カケナオシタラ チャント マイコト イノイタワイネ（車のエンジンをあらためてかけたら、ちゃんとうまく動いたよ）。チューシャ シットキャ イノカント チント シトロゾ（注射をする時は動かないでじっとしていなさいよ）。

イビ 指。〈老〉

イブル [五] 揺する。イブラス [五] とも。

イブレル [一] 揺れる。／コナイダノ ジシンデ ダイブ イブレタナー（この前の地震で、だいぶ揺れたねー）。

イマダ [副] 今では。現在では。／イマダ ホント イータラ キトランナン ホントヤ（今頃は、本当ならもう来ていなければならない）。

イモノコ 里芋。

イヤデモオーデモ [連][副] 嫌も応もなく。必ず。絶対。何が何でも。／イヤデモオーデモ イカンナラン（何が何でも行かなければならない）。

イラッシ 来て下さい。

イランコト [連] 余計なこと。※「要らぬ事」。／イランコトバッカ スンナ（余計なことばかりするな）。

イリイリ [副] いらいらと。／アンマシ イリイリ シトット カラダニ ワルイゾイネ

（あまりいらいらしていると健康に良くないよ）。

イロ [五] 触る。※「いらう」。イロワン、イロタ、イロ、イロトキ、イロタラ、イロエのようにワ行五段活用の変則的活用。／ダッリャ コレ イロタン（誰だ、これに触ったのは）。

イン 犬。インココ〈幼〉、インコロ〈蔑〉とも。／トナンノ インナ イッツモ イマジブンニ ナットサー ホエダス（隣の犬はいつも今頃になると吠え始める）。

インギラット [副] ゆったりと。インギリという村もある（河北郡）。

インコロシ 野犬を捕獲する人。

インジャ 親類。縁者。

インナ [代] 皆。全部。全て。ナとも。[大根布地域で多用]。／インナシテ イッカ（皆で行こうか）。インナ シテカラ（全部してから）。ナ シテ（皆で）。

インナカ 囲炉裏。〈古〉

インピツ 鉛筆。

ウ

ウイノコ 結婚後、最初に産まれた子供。

ウェ [助] 〜のだよ。〈女〉〈幼〉[ちょっと誇らしげに自慢して、良いだろ、うらやましいだろという気持ちを含む]。／ドーブツエン イクウェ（動物園へ行くんだよ）。コーテ モロウェ（買ってもらうんだよ）。アノ コト アスンウェ（あの子と遊ぶんだよ）。ホンナ コト シタコト ナイウェ（そ

んなことしたことがないよ）。アシタ エンソクヤウェ（明日は遠足だよ）。ホンナン ミタコト アルウェ（そのようなものは見たことがあるよ）。アカヤウェー（赤だよ）。ワー イットーショー ヤウェー（わあ一等賞だぞ）。

ウエッツラ　上面。ウワッツラとも。

ウゴイ　〔魚名〕うぐい。石斑魚。〔関連〕サクラウゴイ（春から初夏までの時期の、腹に赤みをおびたうぐい）。

ウシロダンニ　〔副〕後方へ。後ずさりして。アトジサリシテとも。／ウシロダンニ サガル（後ずさりして退く）。

ウソモカクシモセン　〔慣〕正直にいうこと。正真正銘、嘘偽りがなく隠しごとのないこと。

ウチワヨトギ　自宅通夜。仮通夜。

ウッツシ　〔形〕美しい。／アコノチノ ヨメサン ウッツシ ヒトヤネ（あそこの家のお嫁さんは美しい人だね）。

ウッノチ　自分の家。私。ウノチ、ウチノチ、ウラントコ〈女〉とも。〔若年層は用いない〕。大根布地区では、単にウチまたはウチノウチ。

ウツル　〔五〕似合う。映える。ニオ〔五〕とも。／ヨー ウツットッリョイネ（よく似合っているよ）。

ウデル　〔一〕茹る。／ウデタマゴ（ゆで卵）。

ウヤマイゴザ　敬いゴザ。〈仏〉正方形の畳表に縁を付けた御座敷物。僧侶がお参りに来たとき、仏壇の前に敷き、それに座って読経していただく。僧侶専用の座具。

ウラ　〔代〕私。〈女〉〈老〉／ウララ（私達）。ウラッチャ（私達は）。

ウレッシャ　〔感〕嬉しい。それは素晴しいことだ。／ワー ウレッシャ マイガニ ハレタワ（わー嬉しい、うまく晴れ上がったわ）。

ウンダ カキャ ツブレタ トモ イワン　〔慣〕無口で愛想のない。うんともすんとも言わぬ。全国的に多いのは「うんだとも、つぶれたとも言わぬ」（音沙汰がない。便りがない）。／アノ カー ムクチデ ウンダ カキャ ツブレタ トモ イワン（あの娘は無口でうんともすんとも言わない）。

ウントモ チュントモ　〔副〕うんともすんとも。ウンモチュンモとも。全然口をきかない様。／ウントモ チュントモ イワン（全然何も言わない）。

エ

エビス　料理名。寒天を煮溶かして薄味を付け、固めたもの。卵を混ぜる場合もある。四角い形や、富士山の形をしたものもある。金沢ではベロベロ、エビシ、エベスとも言う。

エライ　〔形〕ひどい。辛い。／エライ メ（ひどい目）。

エンエン　声をあげて泣くこと。〈幼〉／キリモ モッコモナイ イツマデ エンエン シトルンヤ。モー ヤメマッシ。アリャ イマ ナイトッタ カラスガ モ ワロタ（しつこいよ、いつまで泣いているんだ。もう止めなさい。あら、今泣いていた烏がもう笑った）。

エンショ 火薬。※「煙硝」。／タイホン ダマニ エンショ ツメル シゴト シトッタ（大砲の弾に火薬を詰める仕事をしていた）。

エンゾ 下水。どぶ。溝。ドボスとも。大根布地区では「エンゾ」を用いず「ドボス」という。

オ

オー ［五］背負う。オブルとも。オワン、オータ、オー、オートキ、オータラ、オエとワ行五段活用の変則的活用。

オー ［五］会う。オワン、オータ、オー、オートキ、オータラ、オエとワ行五段活用の変則的活用。

オーキラシ ［形］たくさんある。なかなか減らぬ。

オードナ ［形動］蓮っ葉な。いいかげんな。粗雑な。／オードナ シゴトオ シンコッチャ（粗雑な仕事をするなよ）。金沢では「大袈裟な」の意味。

オーミズガツク ［慣］洪水になる。子供が寝ていて、寝小便をすること。

オーヤケ 旧家。金持ち。財産家。資産家。※「大宅」／アコノチャ オーヤケヤ（あそこの家はお金持ちだ）。

オアタマシ おわたまし。御移し（ごいし）。仏壇、墓碑、家屋などの除幕式。〈仏〉※「おわたまし」。

オアンサン 長男。長兄。青年。アンチャンとも。

オイ 茶の間。［関連］ナンド（寝室）、ザシキ（仏壇のある部屋）。

オイサン 奥様。〈老〉

オイソ 部屋の下座の端。〈老〉／ワテ ミタイナ モンナ オイソノ ココデ ジューブンナガデ ゴゼーミス（私みたいな者は下座のここで十分でございます）。オマン ミタイナ モンナ オイソニ スーサットレヤ（お前みたいな者は部屋の隅に退いていろ）。

オイデオイデ 手招きすること。〈幼〉／アノ ニャンコ オイデオイデ シテ ミマッシ（あの猫に手招きをしてみなさい）。

オイデル ［一］いらっしゃる（①居る・②来る・③行く）。〈尊〉／オイデル ガケ？（いらっしゃるのですか？）又は（来られますか？行かれますか？）。

オイニ ［感］①そうです〈女〉。②うん、わかっているよ［ぞんざいな返事］。オイヤ〈男〉とも。①／オイニ ホヤトコト〈老〉（そう、そうなんだよ）。オイニ ホンナガヤ〈壮〉（そう、そうなんだ）。オイニ ホンナンヤ〈壮〉（そう、そうなんだ）。［若年層はあまり用いない］

オイヤ ［感］①その通りだ。そうだ。②うん、わかってるよ。［ぞんざいな言い方］オイニ〈女〉とも。〈男〉［返事］①／オイヤ ホンナンヤテ。アレントコノ カーチャン シンダンヤテ（そうだ、そうなんだよ。彼の母親が死んだんだよ）。②／ワカットランカイヤ。オイヤ ホンナ コトグライ ワカットルワイヤ（わかっているのか。あたりまえだ、そんなことぐらいわかっているよ）。

オウラサマ お裏様。門主の奥方。〈仏〉／ホンザン マインニ イッテ オウラサマニ

20

オシッチャ

オメニカカッテ キタワイネ（御本山にお参りに行って、御門主の奥方様にお目にかかって来たよ）。

オカイ おかゆ。オカイサン（京都では女性語で粥の丁寧語）とも。

オカカ 母。妻。女房。

オカミソリ 帰敬式。オカンソリとも。〈仏〉※「お剃刀」。浄土真宗の門徒が仏門に帰依することを誓う儀式。「オカンソリ」は「オカミソリ」の転。

オク ［五］やめる。／ソロソロ クロ ナッテキタシ コンデ オイテ カエッカイネ（そろそろ暗くなってきたから、これでやめにして帰ろうかね）。

オクチヨゴシヤケド ドーゾ ［連］粗末な食べ物ですけど、どうぞおあがり下さい。［挨拶］

オクラカス ［五］遅らせる。

オケソク 仏前の供え物。※「御華足」。華足は華やかな足の意味で机・台・匣（はこ）などの脚の彫り物をいう。転じて供物台の意味となり、再び転じて供物そのものをいうようになった。

オコーイレ 香合。〈仏〉焼香するためのお香を入れる容器。仏具の一種。

オココ 沢庵漬け。コーコとも。／オココノ タイタン（沢庵漬けの煮物）。沢庵の古漬けを薄切りにし、水煮にして塩分や臭みを抜いて、だし・醤油で炊いたもの。粕を入れて炊く場合もある。コーコよりもオココの方が品が良い言い方。

オコジョ 毛虫・青虫の類の中の毒のあるもの。

オコタ 炬燵。〈幼〉〈女〉

オコタチ よその子供さんたち。〈尊〉他家の子供たちのことを丁寧にいう。／オコタッチャー デカ ナラレタヤロネー（子供さん達は大きくなられただろうね）。

オコタリ むくい。悪い生活の仕方から自分でまねく悪い結果。／ダラナ セイカツ シトット シマイニャ ホノ オコタリ クッゾー。（馬鹿な生活をしていると、結局はそのむくいがくるぞ）。ハラクダリ シトランカ。アンマシ チビタイモンバッカ ノンサカイニ ホノ オコタリヤワイネ（下痢をしているのか。あまり冷たいものばかり飲むからその報いだよ）。

オコモジ 刻み漬け菜。金沢では「おくもじ」。※「お」＋「茎」の頭字「く」＋「もじ」（女房詞に由来する接尾辞）。他に「お」＋「杓子」の頭字「しゃ」＋「もじ」＝オシャモジ。

オザブ 座布団。〈女〉

オサマル ［五］止む。勢いが静まる。／キャ コンデ チョッコ ユッキャ オサマッタミタイヤネ（今日はこれでいくぶん雪が降り止んだみたいだね）。

オジ 次男。弟。オッサマ、オッサン、オジマ、コッパオジとも。

オシキセガマシー ［形］有り難迷惑な。

オジジ 老人男性。祖父。ジジ、ジージ、ジー、ジーサ、ジーサマ、ジーマとも。／ウンノ ジーサマ マタ ドコ イッタンヤロ チョッコモ チント シトランワイネ（家のじいさんは、またどこへ行ったのだろう。少しもじっとしていないんですよ）。

オシッチャ 御七昼夜報恩講。〈仏〉浄土真宗の宗祖親鸞聖人の命日、11月28日を最

オシッチャアレ

終日にした1週間の仏教行事。

オシッチャアレ 11月下旬の荒模様。御七昼夜報恩講の頃、必ずといってよいほど天候が荒れること。

オシナケル ［一］無くなる。［関連］オシナカス（無くする）。※「失しなける」の転。

オジマ 次男。弟。

オシマイ サン ［慣］今晩は。［挨拶語］大根布地区で多く用いる。

オジミゾイ 伯父と姪との結婚。

オシメコ おむつ。オシミコとも。

オシメリ 少々の雨。※「お湿り」。

オジャミ お手玉。主に女児の遊び。小さな布の袋に小豆または小砂利を入れて作ったお手玉。※袋の中の物の音。

オシャリサン 喉仏の骨。／オシャリサンワ チンコイ ホーノ コツツボニ イレルンヤゾ（喉仏の骨は小さい方の骨壷に入れるんだぞ）。

オシンボッツァン 寺院の住職の若い後継者。新発意。オシンブッツァン、ワカサンとも。〈仏〉※「新発意（しんぼち）さん」。

オズズ 数珠。ズズとも。／キンノノ ヨーサリ ヨトギニ イッテ オズズ オトイテ キタンヤワ ドッコニモ ナイモンノ（昨日の夜、通夜に行ってお数珠を落として来たんだよ、どこにも無いからね）。アリャー コンナ トコ ズッザ オチトランヤ（ありゃあ、こんなところにお数珠が落ちているぞ）。コナイダ キョート マインニ イッテ オズズ コーテ キタワイネ（先日、京都へお参りに行って、お数珠を買ってきたよ）。

オスマシ すまし汁。／ショージン リョウリニャ ヤッパ ミソシッリャ ダチャカンワイ オスマシデ ナケント（精進料理には、やはり味噌汁は駄目だ、すまし汁でなければ）。

オセーボ 御歳暮。老年層は クレノ ツケトドケ とも言う。中元と歳暮を総称してボンクレノ ツケトドケ。

オゾイ ［形］粗末な。品質の悪い。まずい。／コンナ オゾイ シナモン ドコデ コータンヤ（このような質の悪い品物を、どこで買ったんだ）。オゾイ ハナシヤナー（内容に乏しい粗末な話だなあ）。

オゾケ 悪寒。強い寒気。

オソラト ［副］（時間的に）遅く。／ヨーサリ オソラト（夜遅く）。ホンナニ オソラト コンナイヤ（そんなに遅い時間に来るなよ）。

オタンコナス 馬鹿。

オチョクル ［五］こけにする。馬鹿にする。笑いものにする。からかう。

オチョマ 〈古〉女性器。女陰。

オッキ 起きること。〈幼〉／ハイ オッキ シテ（はい起きなさい）。

オツキサン 月。／オツキサン カサ カブットルサケ アシター アメヤラ シレン（月の周りに笠をかぶっているように輪ができているので、明日は雨かもしれない）。

オツケ お汁。［関連］ミソシル、スマシ、カスジル、オトシミソ（味噌に熱湯を注いだだけの汁）。

オッサマ 次男。弟。末っ子の男性。オッチャン、オッサンとも。

オッサン ①次男。弟。②中年の男。①の

意味ではオッチャン、オッサマとも。

オッチャン　子供が行儀よく座ること。〈幼〉福井県若狭地方ではオッチン、愛知県・兵庫県ではオチャン、能登ではオッチャイと言う。／オッチャン シトロ（座っていなさい）。ハイ オッチャン シテ（はい座って）。

オツム　①頭。②頭脳。能力。①〈幼〉／オツム ナデナデ［子供の頭を撫でる時に言う］。②／オツムガ ワルイモンデ スンマセンネ（頭が悪いものだから、すみませんね）。

オッモシ　［形］面白い。妙な。変な。

オツユ　お汁。オッケとも。オッケよりオツユの方が上品。

オデキ　腫物。※お＋「できもの」の下略語。

オテマ　駄賃。小遣い。お使いに対するご褒美。テマとも。※「お手間」「手間賃」。

オテモト　箸。〈丁〉

オテラサン　御坊さん。

オドカス　［五］驚かす。

オトキ　法要で出す食事。お斎。

オトコシ　男の人達。※「男衆」。

オトコミロ　御転婆娘。※「男女郎」。

オドス　［五］犬などが噛みつきそうに吠える。

オトツイ　一昨日。※「おととい」。

オトト　①亭主。あるじ。②お魚〈幼〉。

オトマシ　［形］惜しい。勿体ない。※「疎（うと）ましい」の転。金沢ではオトマシー。価値のあるものを失えばアッタラモンナ、たいして価値のないものならばオトマシーを使うという説もある。

オドリャ　［代］このやつ。こいつ。お前。オドリャクサン、オドリャソノとも。相手に対する喧嘩ごしのぞんざいな言い方、呼びかけ。※「おのれが」の転。「お前が」の意では オドリガ や オドレガ とも。

オトロシ　［形］恐ろしい。怖い。ものすごい。／オトロッシャ（ものすごいことだ）。アン ヒター クッチャ キッタナテー ハナシ シットキャ オットロシワイネ（あの人は口が汚いので話をする時は恐ろしいよ）。

オナゴシ　女の人達。※「女子衆」。

オナシ　［形動］同じ。オンナシとも。

オナス　茄子。ナスビとも。〈女〉〈丁〉

オニギリ　握り飯。オムスビとも。オムスビと半々に用いる。単にニギリと言うと、「江戸前の握り鮨」のことになる。

オババ　老女。祖母。ババ、バーバ、バー、バーマ、バーサ、バーサマとも。大根布ではヤーヤとも。

オハヤバヤト　［副］とても早くに。〈女〉〈丁〉

オハヨサン　［感］おはようございます。［挨拶］。オハヨ、オハヨサン、オハヨサンデス、オハヨサンデゴザイミスの順序で丁寧さが増す。

オヒカリ　仏壇の燈明。オヒとも。〈仏〉／オヒカッリャ クチデケス モンデ ナイガヤゾ（仏壇の燈明は口で吹き消すものではないのだぞ）。オヒカリ アゲル（燈明をつける）。

オヒキ　何かを贈ってもらった際の、あるいはあげた際のお返し、返礼。／サカナ タント モロタシ オヒキニ カンズメ イッピキヤケド モッテッテ（魚をたくさんも

オヒサン 太陽。日光。オヒサマ、オテントサンとも。※「お日様」の転。／キャ オヒサン デマシテ ケッコナ コッチャネ（今日は太陽が出て結構なことだね）。

オヒツ 飯びつ。※「櫃」。

オヒヤ 冷水。〈女〉

オブ お湯。オブーとも。〈幼〉／サ オブ ノンマッシ（さあ、お湯をお飲みなさい）。

オフミサン 蓮如の書いた手紙。浄土真宗大谷派（東）では「御文（おふみ）」、浄土真宗本願寺派（西）では「御文章（ごぶんしょう）」と言う。読経後、読み上げる。

オブル ［五］背負う。オー［五］とも。

オベンチャラ お世辞。おべっか。口先だけで心のこもっていないこと。※「弁茶羅」。

オボキサン 御仏飯。仏にそなえる御飯。オボケサンとも。※「御佛供さん」の転化。金沢ではオボクサン。／オボキサン アゲル（御仏飯をそなえる）。オボキサン サゲル（御仏飯を下げる）。オボキサン ヒーテクル（御仏飯を下げてくる）。オボキサン モル（御仏飯を器に盛りつける）。

オボコイ ［形］子供っぽい。幼稚な。

オボタイ ［形］重い。オッボテーとも。※「重たい」の転。／アッルァ オッボテーナー（あーあ、重いなあ）。オボタイ ニモツ（重い荷物）。

オマッコ おまる（携帯用便器）。

オマッチ ［代］お前たち。

オマン ［代］お前。君。ワンとも。［関連］オマンラ、オマンラッチャ、オマッチャ、ワラッチャ。／オマンチ（君の家）。オマントコ ショーガッツァ ドッカ イカンカ（お前の家族は正月はどこかへ行くのか）。オマンナラ ワカッリャロト オモテ イッペン デンワ シテミッリャト オモテ ホンデ デンワ シタンヤ（君ならわかるだろうと思って、1度電話してみようと思って、それで電話をしたのだ）。

オミド 寺院の本堂。※「御御堂」。おみあし（御御足）、おみおつけ（御御御付）、おみこし（御御輿）などと同じように、丁寧・尊敬の意を表わす接頭辞の「御御」が名詞「堂」に付いたもの。

オモッシ ［形］面白い。変な。おかしい。妙な。オッモシ、オッモッシ、モッシー、モッセーとも。／コナイダ シタヤロイヤ。オモッシコト ユーナマ（この間しただろう。妙なことを言うなよ）。

オモヤ 本家。※「母屋」。別家に対する主家。［関連］アジチ。

オモル ［五］おごる。／コナイダー ワシャ オモッテ モロタシ コンダー ワシノ ハロ バンヤ（この前は俺がおごってもらったから、今度は俺が支払う番だ）。

オヤッサマ 中流以上の家の主人。※「親父様」。

オヤマ 金沢市。※「尾山」。

オユルッシュ ［感］よろしく。［別れの挨拶］

オランババ （魚名）赤おこぜ。

オル ［五］いる。［存在］／アリャ マダ ヨメサン オランガカイヤ（あいつはまだ嫁がいないのか）。トモダチ ヤッモド オルガンカ？（友達はたくさんいるのかな？）。マ

ダ ダレモ オランゾイヤ（まだ誰もいない
ぞ）。コトシャ デッカイ コト セッミャ オ
ルナー（今年はたくさん蝉がいるなあ）。

オレトゲル　［一］仏にお参りする。※（阿
弥陀如来によって必ず救われることに対し
ての）お礼を遂げる。

オン　［感］うん。はい。［返事］／オオ
ン。（う、うん）。オン ホンナンヤ（うん、
そうなんだ）。オン ホンナガヤテ（うん、
そうなんだよ）。

オンコ　大便。ウンコ、ウンチとも。

オンタ　雄。［関連］メンタ（雌）。

オンドベ　お尻。ゲス、ゲスベタとも。ゲ
ス、ゲスベタよりは上品な言い方。

オンナニマリ　正座。

オンバヒガサ　温室育ち。乳母が日傘を
さしかけるようにして、過保護で育ったの
意。／アンヒター オンバヒガサデ ソダッ
トッサカイ ホンナ コター ワカランヤロー
（あの人は温室育ちだからそのようなこと
はわからないだろう）。

オンミャカシ　賽銭。御仏前。蝋燭代。※
「御御明かし」。

カ

ガ　［助］〜のか。ガカ、ガンカとも。／
マダ ネンガ？（まだ寝ないの）。イクガ？
（行くの？）。ダレ クルガ？（誰が来るの）。
ハヤ アスンニ イクガンカ？（早くも遊び
にいくのか）。イーガニ シトイテ（いいの
にしておいて）。

カ　［助］皆。カモ、カンモとも。／ダレ
ンカ または ダレモカモ または ダレモカ
ンモ（誰も皆）。イツンカ または イツモカ
モ または イツモカンモ（いついかなる時
でも）。ドコンカ または ドコモカモ または
ドコモカンモ（至る所どこででも）。ナモン
カ または ナンモカモ または ナンモカン
モ（何もかにも）。ドレンカ または ドレモ
カモ または ドレモカンモ（どれでも皆）。

カイショナシ　無能力者。意気地無し。

カイションナイ　［形］能力がない。意気
地がない。ふがいない。

ガイタリ　かいつぶり。カイツブリ科の水
鳥。水に潜って小魚を食べる。

カイド　外。戸外。／ナンヤロ カイドヤ
カマシネ（何でだろう、外がうるさいね）。
カイド デテ アスンドンマッシヤ テンキャ
イーサカイ（外へ出て遊んでいなさいよ、
天気が良いから）。アントキャ カイド デテ
ナイタワイネ（あの頃は外へ出て泣いたも
のだよ）。

ガイネ　［助］①〜だよ。②〜するとね。ワ
イネ〈女〉、ガイヤ〈男〉とも。①［断定
強調］／ホンナ コト スルモンナ ダラヤガ
イネ（そのようなことをする者は、馬鹿だ
よ）。イーガイネ（良いじゃないか）。ウッ
ツシガイネ（美しいじゃないか）。ダチャカ
ンガイネ（駄目だよ）。マダ ハヤイガイネ
（まだ早いよ）。ヒト アツマランガイネ（人
が集まらないよね）。ナカナカ オワランガ
イネ（なかなか終わらないよ）。カッコ ツ
カンガイネ（格好がつかないよ）。②《終止
形＋ガイネ》〈女〉〈若〉／スルガイネ（し
ますとね）。デンワ カケルガイネ デモ ダ

レモ デンカッタ ワイネ（電話をかけると
ね、でも誰もでなかったよ）。

カイパン　男子用海水着。※「海水パン
ツ」の略。

カイブシ　干した小鰯。料理のだしをとる
ために主に用いる。

カイヤ　［助］〜かね。カイ、カイネと
も。［親しい間柄や目下の者に対しての勧
誘・命令の意を強める］《否定表現＋カイ
ヤ（カイ・カイネ）》／アゲンカイヤ（あげ
ろよ）。アルカンカイヤ（歩けよ）。イカン
カイヤ（行けよ）。チャント イワンカイヤ
（しっかり言えよ）。ボーシ カブランカイヤ
（帽子をかぶれよ）。ヨー カマンカイヤ（よ
く噛めよ）。チンコイ コエデ シャベランカ
イヤ（小さな声で喋れよ）。サッサト シン
カイヤ（さっさとしろよ）。インナ タベン
カイヤ（全部食べろよ）。スンニ ネンカイ
ヤ（すぐに寝ろよ）。フロ ハイランカイヤ
（風呂に入れよ）。オマン ハラワンカイヤ
（お前が払えよ）。イーカゲン ヤメンカイヤ
（いいかげんにやめろよ）。チント シトラン
カイヤ（じっとしていなさいよ）。オフロ
ハイッテ コンカイヤ（お風呂に入って来な
さいよ）。デンワ カケンカイヤ（電話をか
けろよ）。ハナ カマンカイヤ（鼻汁をかめ
よ）。

カエッコト　交換。カエコトとも。／アン
チャンノ ツクエト ワタシノ ツクエト カ
エッコト シテー（お兄ちゃんの机と私の机
と交換して）。

カエルノ コワ カエル　［慣］子供は親と
同じそっくりなものになる。

カオ ウイトル　［慣］顔面が疲労や病気

のため腫れている。／ド シタン カオ ウイ
トッジー（どうしたのだい、顔面が腫れて
いるよ）。コナイダワ カオ ウイトッタケド
キャイー カオ シトルワ（先日は顔面が腫
れていたけれど、今日は良い顔をしている
よ）。

カカ　主婦。妻。母親。カーカ、カカサマ、
オカカ、カーとも。〈般〉

カカル　［五］試験に合格する。

カカロ　［五］からかう。関わりあう。カ
カロワン、カカロタ、カカロ、カカロコト、
カカロタラ、カカロエと変化。／ネコ カカ
ロタラ ツメデ ヒッカジラレタ（猫をから
かったら、爪で激しくひっかかれた）。

ガキ　子供。餓鬼。／ガキガ オトキニ ツ
イタ ヨーニ タベル（がつがつとむさぼり
食う）。

カクシ　洋服のポケット。大根布では カッ
ポシ。／カクシニ ヤキダマト マキリオ イ
レル（ポケットにビー玉と小刀を入れる）。

カゴメ カゴメ　子供の遊びの一種。人当
て鬼。鬼である子供が真ん中にしゃがんで
目を自分の両手でふさぐ。その周りを子供
たちが輪になって手をつないで皆で歌いな
がら回り、歌の終わりでいっせいにしゃが
み込み、鬼になっている子供が自分の真後
ろにいる子供が誰であるかを当てる遊び。
当たらなければまた最初からやり直し。当
てれば、当てられた子供が今度は代わって
鬼となる。「カーゴメ カーゴーメ カーゴノ
ナーカノ トーリーワ、イーッ イーッ デー
ヤール、ヨーアーケーノー マーエーニ、
ツールト カーメト デーアッター、ウシロ
ノ ショーメン、ダーアーレッ」。

カザ 匂い。香り。／イー カザ シル（良い香りがする）。クッセー カザ シトルゾ（臭い匂いがしているぞ）。

ガサ 落ち着きのない人。

ガサオコス ［五］［慣］はしゃぎ過ぎる。

カサカサ ［副］乾燥しきった状態。

カサダカナ ［形動］おおげさな。※「嵩高」。

ガサツク ［五］騒がしくする。

カズク ［五］（荷物などを）背負う。

カソバ 火葬場。／ウチラノ カソバワ ムカシカラ ヨー サンニン ムジョードーティ イーガンヤワイネ（私達の村の火葬場は昔からよく「三人無常堂」と言うんだよ）。1人亡くなるとよく3人が続いて亡くなるのでこのように言われた。

カタイ ［形］良い。おりこうな。やさしい。［関連］カタイモン（おりこうさん）。［従順である意を含む］／カタイ オヒトヤ（やさしい人物だ）。カタイ モンヤネ（良い子だね）［子供に対して］。ボク カタイ モンニ ナットロゾ（坊や、おりこうさんになっていなさいよ）。

カタウリ 白瓜。越瓜。漬物として多く用いる。粕漬けが一般的。

カタガル ［五］傾く。

カタキ 一食。

カタグ ［五］肩の上へ担ぐ。

カタゲル ［一］傾ける。

カタッポ 片方。※「片一方」の転。／クツ カタッポ インガ クワエテッタ（靴を片方、犬がくわえて行った）。

カタナ （魚名）太刀魚。昭和40年頃までは、漁師たちは、食べるものだとは思わないで捨てていた。

カタネ 腫物。おでき。大根布では「カタニ」とも。

カタネル ［一］肩の上へ担ぐ。

ガタロ 河童。〈古〉

カチ ［接頭］ひどく～する。［悪い意味を付加する強調語］／カチクロー（食らうカックローとも言う）。カチツケル（ひどくぶつける。カッツケルとも言う）。カチコロス（乱暴に殺す。カッコロスとも言う）。カチコワス（ひどくこわす。カッコワスとも言う）。カチナグル（激しくなぐる）。カチワル（激しい勢いで割る）。［「カチ」の後に付加する言葉がn,m,wなど有声子音で始まる場合は「カッ」とはならない］。

カチオー ［五］①ぶつかる。打ち当たる。②重なる。かち合う。カチオワン、カチオータ、カチオー、カチオーコト、カチオータラ、カチオエマン、と用いる。①カチツク［五］とも。／デアイ ガシラニ コベト コベ カチオータ（出会いがしらに額と額がぶつかった）。②／トモダチノ ヨメドリト シンセキノ ソーシキト カチオーテ シモタ（友人の結婚式と親戚の葬式とが重なってしまった）。

カチツク ［五］ぶつかる。打ち当たる。カチオー［五］とも。

カチツケテ ［副］つっけんどんに。無愛想に。キシツケテ〈老〉、サラツケテ、ヤッツケテとも。／カチツケテ モノ ユー（無愛想に話す）。ホナイニ カチツケテ イワンカッテ ナンジャイヤ（そんなにつっけんどんに言わないでもいいじゃないか）。

カチムク ［五］そっぽを向く。

ガチャガチャ くつわ虫。きりぎりす科の昆虫。※その鳴き声。

カッキャマ おかき。餅米で作ったお菓子。[関連] センベン。同類のカキモチやアラレと区別する。カキモチは長方形に薄く切った餅を乾燥させて、焼いたり揚げたりしたもの。アラレはさいころ状に切った餅を乾燥させて焼いたもの。

カツケル [一] ①ぶつける。②～のせいにする。②／ホンナ コト ヒトニ カツケタラ ダチャカンゾ（そんなことは他人のせいにしたら駄目だよ）。

ガッサイ [形] 粗末な。ちゃちな。安っぽい。ガッセー、チャチナとも。

ガッセー [形] 粗末な。ガッサイ、チャチナとも。※「ガッサイ」の転。

カッタ めんこ（面子）。ぺった。子供の遊具。「カッタ」は大根布でも用いるが、宮坂地区では「パッチ」と変化する。

カッチョ イー [連] 格好が良い。素敵だ。〈若〉

カッツォ 鰹。

カッテ [助] ～してから。／ハタケ イッテ キテカッテ ネトルガイネ（畑へ行って来てから、寝ているんだよ）。

カッテ [助] ～でさえ。～も。～だって。カテとも。[副助詞]／イマカッテ オソナイ（今でも遅くない）。ワシカッテ シットル（私ですら知っている）。オマンカッテ ヒドカロ（君だって辛いだろ）。ホーカッテ（それでも）。

カッテキタイナ [形動] 勝手しだいな。好き勝手しほうだいな。カッテキテナ、カッテキテバスナとも。

カッテキテバスナ [形動] 自分勝手過ぎる。非常に勝手である。カッテキタイナとも。／オマンナ チョッコ カッテキテバスヤワイヤ（お前は少し自分勝手過ぎるよ）。

カットバス [五] ①ボールなどを打って遠くまで飛ばす。②非常に速いスピードで走る。「トバス」の強調語。※「カチ」（接頭）＋「トバス」。カチトバスとは言わない。①／カットバセー カットバセー（野球の応援で「打て、打て」の意）。②／トヤママデ バイクデ カットバシテ ハシッタ（富山までバイクで猛スピードで走った）。

ガッパ 下駄の歯の間につく雪の固まり。金沢では「ごっぽ」とも言う。荒屋地区では ガボ と言う。／ゲタニ ガッパ ツクガンデ アルキニクイ（下駄に雪の固まりがつくので歩きにくい）。

ガッパ 白癬。ガッパとも。／ガッパ ウツシタッカ（白癬をうつしてやろうか）。

カッパカッパ 粘液状のものが乾いて固まった状態。／チャント ハナ カマンサカイ カッパカッパニ ナットランヤ（しっかり鼻汁をかまないから汚く乾いてしまっているぞ）。

ガッパニナル [五] [連] 無我夢中になる。物事に熱中する。〈男〉

カッポジル [五] 穴の中の物を掻き出す。ホジルとも。「ホジル」の強調語。[上品な言葉とは言えぬ]。※「カチ」[接頭語]＋「ホジル」。カチホジルとは言わない。／イーカー ミミノ アナ カッポジッテ ヨーキケマンヤ（いいかい、耳の穴をよく掃除してしっかり聞けよ）。

カッポリ 幼女用の塗り下駄。〈古〉／

マツツリャシ オバコ キテ カッポリ ハク マッシ（お祭りだから晴れ着を着て塗り下駄を履きなさいね）。

カドッコ ①街角。②角。①／ホノ スッシャナラ アノ カドッコニ アルワイネ（その寿司屋ならあの街角にあるよ）。②／ツクエノ カドッコニ アタマ ブツケテ シモタ（机の角に頭をぶつけてしまった）。

カトンボ ががんぼ。約３cm程の蚊のような形の虫。

カナブン 黄金虫。コガネムシ科の昆虫。

カネツキドー 寺院の鐘楼堂。

カブラ 蕪。かぶ（野菜）。［関連］カブラズシ（冬季に、輪切りの蕪に切り目を入れて、その間に鰤や鯖などの魚の切り身を挿み、千切りの人参などと共に麹に漬込んだ寿司）。ダイコンズシ（材料は大根だが、製法はカブラズシと同じ。各家庭で漬けるのはダイコンズシを漬ける家の方が多い）。

カブリゴザ 藁製の雪降り用のカッパ。ゴザボーシ、シッポゴザ、カボゴザとも。〈古〉藁でできているので雪を払い落としやすいし、またぬれると暖かい。

ガマ ひきがえる。蟇。

カマイタチ 皮膚の裂傷。何もしないのになる原因不明の皮膚の裂傷。空気中になんらかの原因で一部真空に近い箇所ができて、その部分に触れるとできる裂傷といわれる。〈共〉

カマイツケン ［連］少々の無理があってもかまわない。／ナンガ アッテモ カマイツケント ヤッテノケル ヒトヤ（何があってもお構いなしに、やりとげる人だ）。

ガメ 大酒を飲む者。

ガメニナル ［五］［連］熱中する。一所懸命になる。

ガヤ ［助］〜のだ。／ホレ ワシンガヤ（それは俺のだ）。

カヤイ ［形］かゆい。／アー カッヤイ。カニ ササレタ（あーかゆい。蚊に刺された）。

カヤス ［五］こぼす。液体の入った容器をひっくり返す。／アッラ バラシタ。ショーユ カヤシテ シモタ（わあ、しまった。醤油をこぼしてしまった）。

カラカミ 襖。ふすま。※「唐紙」

ガラガラヤ ［形動］空いている様。混雑していない様。

カラクサンナ ［形動］うさんくさい。あまりにも単純で信用できない。

カル ［五］借りる。カッテクル（借りて来る。「借りる」の連用形の促音便＋テ）。「買ってくる」の意味の場合は「コーテクル」と言う。／コノ マンガ トモダチニ カッテ キタガヤ（この漫画は友達に借りてきたんだ）。

カレ （魚名）鰈。

カワ ①人間の皮膚。②動物の皮。③川。特に大野川を指して言う。／アビニ イッテ セナカノ カワ ムケタ（海水浴に行って背中の皮膚がむけた）。ミズムシデ アシノ カワ ムケタ（ミズムシで足の皮膚がむけた）。カワブチ（大野川のほとり）。

カワイソゲナ ［形動］可哀相な。

カワイヤ ［感］可哀相だな。／アア カワイヤノー（ああ、可哀相だなあ）〈老〉。

カワガン （魚名）もくずがに。汽水の蟹の一種。大きなもので20cm程。

カワギス （魚名）川のはぜ。まはぜ。グロズやゴリよりも大きなハゼ科の淡水魚。大きなもので10cm以上。

カワサキ （魚名）うまづらかわはぎ。[関連]キンキラ。バクチ、ネズミ、ウマヅラとも言う。ウマヅラは主に釣り人が用いる。バクチは賭けに負けると「身ぐるみはがれる」の意から。ネズミはこの魚が魚網にかかると歯をこすり合わせてチューチューと音を出すことから。

カワタイ （魚名）くろたい。

カワリバンコ 交代で。代わる代わる。[関連]カワリバンコニ（順に。交代で）。

ガン （魚名）蟹。

ガン [助]①［親しい間柄や目下の者に対しての疑問］準体助詞「の」にあたる「ガ」＋「ン」。《終止形＋ガン（〜のかい？）》ガンカ、ガンケ、ラン、ランカ、ランケとも。／アソンニ イクガン（遊びに行くのかい）。オマンモ クルガン（お前も来るのか）。マダシトルガン（まだしているの）。マダ シルガン（まだするのかい）。マダ タベルガン（まだ食べるの）。アンナ モン コーガン（あんなものを買うの）。《否定形＋ガン》／オセンチャ イレンガン（お煎茶をいれないの）。マダ シンガン（まだしないの）。ホンデ タベンガン（それでもう食べないの）。クルガンカ は クランカ、タベルガンカ は タベランカとも言う（ruga→ra）。ノムガンカ は ノマンカ（muga→ma）。イクガンカ は イカンカ（kuga→ka）。モヤスガンカ は モヤサンカ（suga→sa）。アスブガンカ は アスバンカ（buga→ba）。ウツガンカ は ウツァンカ（tsuga→tsa）。ただし クーガンカ や

コーガンカ には変化した形は存在しない。《ガン＋デ》[理由]／ベンキョ スルガンデ アスンニ イケンワ（勉強をするので遊びに行けないよ）。《ガン＋ナラ》（〜のなら）／シマサルガンナラ（しなさるのなら）。《ガン＋ヤテまたはゲンテ》（するそうだ）[噂・伝聞]／イカンガンヤテ（行かないんだって）。

[助]②ガンニ（〜なのに）。ガニとも。／キンノ イッタガンニ オエナンダ（昨日行ったのに会えなかった）。ヤスミナガンニ アメン ナッタ（休みなのに雨になった）。ゴッツォ モロタガンニ ダレモ オラン（御馳走を頂いたのに誰もいない）。

ガン [助]準体助詞「の」にあたる「ガ」＋「ン」。①〜すること。②〜したもの。《終止形＋ガン》①／ホンナ コト シルガンナヨー ナイワイヤ（そのようなことをすることは良くないよ）。②／ダイコンノ タイタガン（大根の煮たもの）。ニクノ ヤイタ ガンナ スッキャナー（肉の焼いたのは好きだなあ）。

カンカラアシタ 足駄。高下駄。歯の高い下駄。〈老〉

カンカンデリ 日光が強く照りつける暑い天候。

ガンコナ [形動]程度が甚だしい。乱暴な。丈夫な。頑丈な。ガーンコナとも。／ガンコニ ツカレタ（とても疲れた）。ガンコニ ノム（とてもたくさん飲む）。ガンコナ アルキカタヤ（乱暴な歩き方だ）。ガーンコナ モチョッコト シズカニ シメマッシマン（乱暴だなあ、もう少し戸を静かに閉めなさいよ）。

カンサン 神道の神様。

カンショ 便所。トイレ。ハバカリ、チョーズバとも。〈古〉※「閑所」

カンソバ 煙草の葉の乾燥場。〈古〉昭和30年代頃まで煙草の葉の栽培が行なわれたが、死語となってしまった。

カンテッポ 紙鉄砲。ニレ科のエノキの木（Celtis sinensis Persoon）の実を飛ばす細竹製の紙鉄砲。昭和30年代の子供たちはそれぞれ自分用のものを手作りした。エノキのことを子供たちは「カンテッポノ タマノキ」と呼び、大木によじ登って競って木の実を採った。金沢の子供たちは杉の木の実を用いたが、海岸に近い内灘では潮風のため杉の木は育ちにくい。

カンニン すみません。※「堪忍」。[許しを乞う]。

カンノチ 冬季。※「寒のうち」の転。／カンノチワ ヤッパシ サブイワー（冬はやはり寒いわ）。

カンノチャ サブナイ カゼサブイ ［慣］寒の内は寒くない、風は寒い。〈老〉冬も終わり頃の挨拶の一つ。寒の内はなるほど雪は降るが、風はたいしたこともなく、寒さはそれほど厳しくないが、2月頃の寒風は寒くて身にこたえる。

キ

キ ［助］〜か。ケとも。［疑問]〈老〉／ホーキ（そうかい）。ホーキニ（そうかね）。

キーキ 気色。気分。健康。キッキ、キキとも。〈幼〉／ド シタンヤ キーキ モナインカ（どうしたのだ、気分が悪いのか）。

キーハル ［五］［慣］気を使う。遠慮しなければならん。神経を使う。※「気を張る」。／キーハルワイネ（気を使うよ）。キーハッリャ（神経を使うことだ）。キーハッチャ（神経を使いますよ）。

キーモナイ ［慣］①健康がすぐれぬ。②気兼ねする。気を使う。①／キャ アサカラ キーモナイ コッチャ（今日は朝から気分がすぐれないことだ）。②アレー キノドッキャニー マタ ホンナ モン モッテカラニ キーモナイナルガイネ キガネナネー（あれーすみませんね、またそのような物をもらって、気兼ねだね、有り難う）。

キカン 聞き分けのないこと。やんちゃなこと。／キカン ヤッチャナ（聞き分けのない奴だな）。キカン ヒトヤ（気性の激しい人だ）。

キザキザト ［副］心が落ち着かず、ふざけ、はしゃいでいる様。

キザケル ［一］ふざけて、はしゃぐ。キザエル ［一］とも。

キザッタラシー ［形］気障っぽい。いかにも気障だ。［関連］キザナ ［形動］。

キザナ ［形動］気障な。［関連］キザッタラシー［形］。服装や言動に嫌味が感じられる様。

キシャ 列車。JR旧国鉄線の電車のこと。「デンシャ」は市街電車や郊外電車のこと。

キズイ ［形］愛想のない。つきあいの悪い。冷たい。※「気随（きまま）」。

キチキチヤ ［形動］①ぎゅうぎゅうだ。

ちょうど一杯。②几帳面に。

ギッコンバッタン　シーソー。ギッタンバッタン、ギッタンバッコとも。〈幼〉金沢ではチータラッタとも言った。

キッショ　急須。キビス、キビショとも。〈老〉〈古〉

キッタイ　［形］煙い。キブタイ、ケッタイ、ケブタイとも。［関連］ケブリ（煙）。／インナシテ ヤッモド タバコ スーモンヤ サカイ キッター ナッタワ。マド チョッコシ アケテ クレンカ（皆でたくさん煙草を喫うから、煙たくなったよ。窓を少し開けてくれないか）。

キッツイ　［形］強い。元気な。／アン ヒター キッツイワイヤー（あの人は、元気だよー）。

キテタイ　［連］①来て下さい。②着て下さい。①／マタ アスンニ キテタイ（また遊びに来て下さい）。大根布地区ではゴザイマやキテクタイ、コラッシャイとも言う。②／コレ ウチノ ヒトノ オサガリヤケド イカッタラ キテタイ（これは夫の着古しですけど、良かったら着て下さい）。

キトキトヤ　［形動］魚貝類のとれたてで新鮮なこと。トレトレ、ピチピチ、イキイキとも。／キトキトノ サカナ（とれたての生きの良い魚）。

キナイ　［形］黄色い。［関連］キナ（黄色）、キナイロ（黄色）。

キナルイ　［形］羨ましい。ケナルイとも。［関連］キナルガル［五］（羨ましがる）、キナルガラス［五］（羨ましがらせる）。

キノドクナ　［形動］①ありがとう。すみません。［関連］ヨーナイ［形］。②不憫な。

可哀相な。〈老〉〈壮〉①［相手にかけた労苦に対しての謝り・感謝］／コナイダモ キノドクナ（先日もすみませんでした）。ビョーイン ミマイニ イッテモロタンヤテー キノ ドッキャニー（病院へ御見舞いに行っていただいたそうで、ありがとうね）。②〈共〉［同情］／キノドクニ アンヒター ツレアイ シネテ ヒトリン ナッタ ソーヤ（可哀相にあの人は配偶者が亡くなって、独り身になったそうだ）。［中央語では享保年間（1716〜36）から宝暦年間（1751〜64）を境にして感謝の意味でのキノドクナを用いなくなったらしい］。

キバル　［五］力む。／ベンピデ キバッテモ ナカナカ デンワ（便秘なので力んでもなかなか出ないよ）。

キビス　踵（かかと）。

キマツブス　［五］［慣］とても驚く。※「肝をつぶす」。

キミル　［一］決める。※「決める」の音訛。

キモン　着物。

キャ　今日は。／キャ マイ ヒヤネ（今日は良い天気だね）。

キャッキャス　おおよしきり。（水鳥の名）。ヒタキ科ウグイス亜科の小鳥。河北潟の葦原に巣をつくる、夏の渡り鳥。主に昆虫を食べる。普通「ギョギョシ、ギョギョシ」と鳴くといわれ、その鳴き声から俳句では「行々子」と呼ばれる。加藤楸邨に「行々子暮れねば顔の定まらず」という句がある。

ギャワズ　蛙。※蛙の古称カワズ。ガット（奥能登）。ギャット（口能登から中能登）。

羽咋南部でギャットとギャワズの混在。

キョービ　近頃。現今。※「今日の日」。

キリコ　紙灯篭。〈仏〉※「切り子灯篭」。盂蘭盆会の墓参用の木枠でできた直方体の4面に紙を張り、屋根は薄板で作り、中に蝋燭を立てられるようになっている灯篭。元来の「切り子」の意味とは異なり、直方体の角はしっかり残っている。加賀地方特有の物。

キリモモッコモナイ　［形］［連］際限がない。／キリモ モッコモナイ イツマデノンドライネ（全く際限ないんだから、いつまで飲んでいるんですか）。

キンカント　金花糖。砂糖菓子。仏教行事の御七昼夜報恩講の時に食べる、砂糖を木型に入れて固めて、達磨や船など色々なものの形にし着色して作った御菓子。

キンキラ　（魚名）皮はぎ。カワサキ、バクチ、ネズミ、ウマヅラとも。

キンキラキンヤ　［形動］過度に輝いている。豪華な。まばゆい。派手な。／キンキラキンノ トケーナンカ ハメテ キザッタラシー（キラキラの時計などはめて、とても気障だ）。

ギンギンボー　（魚名）水魚。ギンゲンボ、ゲンゲボーとも。大根布ではギンギリボー。金沢ではゲンゲンボーやクニャラ。

キンノ　昨日。キンニョとも。※「昨日」の音訛。／キンノワ オトロシ サブカッタネ（昨日はとても寒かったね）。

ク

クイケガ ハットル　［五］［慣］意地汚い。食べ物への執着心が強い。ヤシーとも。

クサッタ　［連］つまらない。粗末な。おんぼろな。ドクショナとも。※「腐った」の暗喩表現。／コンナ クサッタ クルマ モー イランワ（こんなおんぼろな車はもう要らないよ）。オマン ナンヤ ホンナ クサッタ クツ ハイテ ボロボロヤガイヤ（お前、なんだそんな粗末な靴を履いて、ぼろぼろだぞ）。

クサムシ　かめむし。触ると臭い匂いを出す、五角形の亀虫。ニセアカシアの樹液やナツグミの果実などを好む。

クサン　［感］くそー。この野郎。［罵り、喧嘩をしかける時の言葉］／ワリャ クサン オボエトレヤ（おまえこの野郎、覚えていろよ）。

クジタイ　（魚名）甘鯛。鯛の一種。

グシャグシャヤ　［形動］①目茶苦茶に潰れている。②混在して混乱している。①／マンジュ フンツブシタラ グシャグシャニ ナッタ（饅頭を踏みつぶしたら目茶苦茶になった）。②／ヘヤンナカ グシャグシャヤ ガイヤ（部屋の中が目茶苦茶じゃないか）。

クジル　［五］①穴に物を差し込んで中の物をえぐり取る。②引っ掻く。掻きむしる。ヒックジル、ツメタテルとも。①／ハナクソ クジットル バアイデ ナイヤロ（呑気に鼻糞をほじっている場合ではないだろ）。②／ネコニ クジラレテ チー デタワ（猫に

グスナ

引っ掻かれて血が出たよ）。

グスナ ［形動］利益にめざとく悪賢い。ずるい。［関連］グッスイ［形］・コッスイ［形］。／グスナ コッチャナー（悪賢いことだなあ）。

クセ ［接尾］〜のようだ。〜らしい。《名詞＋クセ》［程度・状態を強める］／ダラクセ（馬鹿らしい）。

クセ ［形］臭い。くさい。クッセ、クッセーとも。／アア クッセー オナラヤー（ああ、とても臭い屁だ）。

クタイ ［補］〜してくれ。クテ〈老〉とも。〈老〉／ヤットイテ クタイ（やっておいてくれ）。ジン ニセンエンホド コワシテ クタイ（お金を2千円程小銭に両替して下さい）。

クダリ 南風。漁師ことば。

クタンシ ［五］下さい。［補］〜下さい。クタンシマ（下さいよ）、クタンシマンネ（下さいよね）とも。〈老〉《連用形＋テ＋クタンシ》／ハヨ イーテ クタンシ（早く言って下さい）。ホンナガニ シテ クタンシ（そのようにして下さい）。若者は「連用形＋テ＋タイ」を用いる。

クチカレイ （魚名）まがれい。鰈の一種。

クチコトイル ［慣］口で注意してやる必要がある。世話がやける。／アリャー クチコトイッリャナー マタ イワンナンカイヤ（あれ、何と世話のやけることだ、また言わなくてはいけないのか）。ナツヤスミ ナトコロガ ナンテ クチコトイッコトカイネ（夏休みであるところが、なんと口で注意することが多いのだろうか）。

クチベン 口紅。［関連］ホーベン（頬紅）。

グチャグチャヤ ［形動］①混在、混乱している。②どろどろにぬかるんでいる様。①／アタマンナカ グチャグチャニ ナッタ（頭の中が混乱状態になった）。

グッスイ ［形］ずるい。利益にめざとく悪賢い。コッスイ［形］とも。［関連］グスナ［形動］。／ソリャー チョッコリ グッスイト オモワンカ（それは少しばかりずるいと思わないか）。

クッチャベル ［五］ものすごく喋りまくる。※「シャベル」の強調語。／ヨーク クッチャベル オトコヤナ チョッコ ダマットッテ テー イゴカシタラ ドーヤイヤ（よく喋る男だなあ、少し黙っていて手を動かしたらどうだい）。

グットノミ 丸呑みにすること。噛まないで呑み込むこと。グンノミとも。／釣り用語では針ごと餌を丸呑みにされること。シャーナイナ マタ グットノミ サレタ。（しょうがないなー、また餌を針ごとのみこまれた）。

クドイ ［形］①塩辛い。②しつこい。クデー［形］・ショクドイ［形］とも。〈反〉ションナイ［形］。富山県ではクドイ（呉西）とショッカライ、カライ（呉東）とに分れる。能登では塩辛いことはカライと言い、クドイは味全体の濃さ、しつこさ、甘過ぎる味を言う。

グナグナトシタ ［連］白黒はっきりしない。どっちつかずの。／アリー グナグナトシタ ヒトヤネ（あれー、態度のはっきりしない人だね）。イツマデ グナグナトシタコト イートライネ ハヨ チャント ヘンジ シニャ（いつまではっきりしないことを言っ

34

ているのだ、早く、しっかり返事をしなくては）。

グニル ［五］足首をねじる。捻挫する。

クライ ［接尾］〜を飲食するのが好きな人。［名詞を作る］※「食らい」／ゴッツォクライ（御馳走ばかり好んで食べる者）。サケクライ（非常な酒飲みの人）。

クラツク ［五］食らいつく。動物が噛みつく。／デッカイ オニギリ クラツイテー（大きなおむすびに食らいついているなあ）。ノラインニ クラツカレッゾ（野良犬に噛みつかれるぞ）。

グルジ 周囲。まわり。グルリとも。

クルマタイ （魚名）まとだい。鯛の一種。

クロイカ （魚名）まいか。スルメイカ、ゲスクサリとも。

クロカレイ （魚名）なめたかれい。鰈の一種。

グロズ （魚名）ハゼ科のゴリより少し大きめで真っ黒な魚。グロダビ、グロダンビ、ダンビとも。金沢市粟ヶ崎町ではクロダブ。

クロナルガン ハヨナッタネー ［慣］暗くなるのが早くなりましたね。［挨拶語］秋から冬にかけての夕方に言う。

クロメ 瞳。眼球の黒い部分。［関連］シロメ（眼球の白い部分）。／メンタマノ クロメト シロメ。（眼球の黒い部分と白い部分）。クロメニ キズ ツイタンデナカッテイカッタニー（瞳に傷がついたのでなくて良かったねえ）。

クンズネンズ ［副］やっと。どうにか。かろうじて。苦労して。／クンズネンズ シトル ワイネ（苦労していますよ）。

クンミャイ 組合。

ケ

ケ ［助］〜か。キ〈老〉、カとも。［「カ」よりもやさしい響き］［疑問］／ソーケ（そうか）。ホーケ（そうか）。イランガンケ（要らないのか）。ホシナイガンケ（欲しくないのか）。マダ イカンガケ（まだ行かないのか）。キャ オフロ ハイランガンケ（今日はお風呂に入らないのか）。〜ガンケは〜ガケとも言う。関西から北陸にかけてみられる接尾辞だが、関西ではやや下品な感じの言葉に属し、また若者が主に用いる。

ゲー 反吐。嘔吐物。ゲボとも。／キモチワルイガンカ アッチ イッテ ゲー ハイテコ。（気持ちが悪いのかい、あちらへ行って反吐を出してきなさい）。ノミスギテ ゲーシタ（飲みすぎて反吐をはいた）。ゲー デタラ スッキリシタ（嘔吐物が出たら、すっきりした）。クルマニ ヨーテ ゲー デソーヤ（車に酔って嘔吐物が出そうだ）。

ケシゴ 消し炭。〈古〉

ゲス 臀部。お尻。ゲスベタとも。金沢ではシリビタとも言う。

ゲタカクシ 子供の遊びの一種。各自、片一方の履き物を差し出して、それらを並べて順に「ゲーター カークシカクレンボ、マーナーイタノ ウーエーニ カミソリ イッチョー ノーセーテー、ギッチョンチョン、ギッチョンチョン」と指で差して行き、最後のチョンに当たった履き物の持ち主の子

供が鬼となる。鬼が目をつむって百まで数えている間に、他の子供たちは自分の履き物を隠す。

ケタツ　脚立。踏み台。

ケッタクソ ワルイ　［形］［連］気色が悪い。面白くない。

ケツナ　［形動］変な。妙な。おかしな。変わった。珍しい。マイナスのイメージ語。

ゲッペ　どんじり。しんがり。最後尾。びり。ギッピ、ゲベ、ゲベタとも。※「結尾」の転。金沢ではゲベ、ゲット、ゲットクソ、ゲベタとも言う。ゲット、ゲットクソは金沢周辺から富山県でもみられる。

ケツマズク　［五］つまずく。

ゲラ　笑い上戸。すぐに笑う人。

ケン　刺身のつま。

ゲン　［接尾］〜のだ。〈若〉［親しい間柄や目下の者に対しての優しい感じ・やや甘えた感じの説明］《終止形＋ゲン》／アシタ エンソク イクゲン（明日、遠足に行くんだ）。イマ ルスバン シトルゲン（今は、留守番をしているんだ）。

ケンケンニ　［副］先の鋭くとがった状態。※「険険」。／ケンケンニ ケズッタ エンピツ（先を鋭く尖らせて削った鉛筆）。富山ではチクチク、ツクツク、福井ではツンツンと言う。

ゲンナリスル　［連］意気消沈する。がっかりする。失望する。やる気が無くなる。

ケンパ　子供の遊びの一種。「ケンパー、ケンケンパー」と言って片足跳びや両足を開いて着地したりして遊ぶ。金沢ではケンケン。

コ

コ　［接頭］とても〜な。［強意］《コ＋悪い意味の形容詞》／コッタイソナ。コッパズカシ。コザクラシ。コジッカシ（コ＋イジッカシ）。コジャマクサイ。コッサワガシ。

コ　［接尾］〜なこと。［状態をあらわす名詞を作る］／ペッチャンコ（潰れて平たくなっている様）。ゴッツンコ（ぶつかる様）。

コー　［五］買う。カウのauがオ段長音化した。ワ行五段活用の変則的活用。／アノ ミニイッタ ユビワ タカイノ ナンノテ コエナンダワイネ（あの見に行った指輪は、物凄く値段が高くて、買えなかったよ）。アレ コワンカ（あれを買わないか）。コーテクル［連］は（買って来る）の意。カッテクルは（借りて来る）の意味。他のワ行五段活用の変則的活用をするものに次のものなどがある。アロー（洗う）、イロー（いらう）、ウトー（歌う）、オー（会う）、カモー（かまう）、キロー（嫌う）、クロー（食らう）、サロー（さらう）、シトー（慕う）、シモー（しまう）、スモー（住まう）、スレチゴー（すれ違う）、ナロー（習う）、ニオー（似合う）、ハロー（払う）、ホー（這う）、マチゴー（間違う）、ミモー（見舞う）、モー（舞う）、モロー（もらう）、ワロー（笑う）。

コーエン　兼六園。

コーエンノ カナブッツァン　兼六園のヤマトタケルノミコトの像。

コーコ たくあん漬。沢庵。オココとも。

ゴーサラシ 恥かしいことを平気でする者。※「業さらし」。／コノ ゴーサラッシャ オマン ミタイナ モンナ ウチワノ ハッジャ（この恥知らず、お前みたいな者は家族の恥だ）。

コーシャナ ［形動］利口な。頭の良い。カタイ［形］、ハツメイナ［形動］とも。※「巧者な」。／コーシャナ コヤノー（お利口な子だねー）〈老〉〈壮〉。

コーバコ （魚名）ずわい蟹の雌。ゼニマル、ゼンマルとも。コーバコを「香箱」とも書くが、甲羅が小ぶりなのを香を入れる箱の「香合」（香箱）に見立てた名前と思われる。海にすむクモガニ科の蟹。雄は大きく、足には肉が多くある。雌は小型だが腹の子（前子マイコ・腹子ハラコ・外子ソトゴ）や甲羅の中の子（内子ウチコ・背子セゴ）が美味。石川・福井・鳥取諸県のものが有名。ずわい蟹のことを鳥取ではマツバガニ、福井ではエチゼンガニと言う。コーバコの未成熟のものをゼニマルと呼ぶ。コーバコは福井ではセーコ、山陰ではオヤガニ、関西ではコッペガニと呼ばれる。／マイコ フイトル（前子をもっている）。前子には赤っぽい色の赤子アカゴと、青っぽい色の青子アオコがあるが、青子が受精卵で美味しく、赤子は漁師にとっては商品価値がなく、お金にならない。

コーモリナオシ 傘を修繕しに年に何回か巡回して来る業者。

ゴカイサン 親鸞（しんらん）聖人。ゴカイサンショーニン、オショーニンとも。仏教の浄土真宗の宗祖、親鸞聖人（1173-1262）のこと。※「御開山聖人」。

コカス ［五］倒す。ころばせる。

コカス ［五］ぬかす。「言う」の粗野で荒っぽい言い方。／ナン コカス（何をぬかす）。

コキオドシ こけ脅し。※「虚仮脅し」。見え透いたとるに足らない脅し。

コキオロス ［五］さんざんにけなす。悪口を言う。／ヒトノ コト コキオロシテ バッカ オラント チョッコ ホメタラ ドーヤイヤ。（人のことを悪口ばかり言っていないで、少しはほめたらどうだい）。

ゴキミッツァン ［感］ご丁寧に、どうも有り難う。［挨拶］

コク ［接尾］〜をする。［悪い意味で用いるマイナスのイメージ語］／アサネコク（朝寝坊をする）。ダテコク（おしゃれをする）。ジマンコク（自慢する）。ウソコク（嘘をつく）。ヘーコク（おならをする）。［関連］それらをする者の意で アサネコキ、ウソコキ、ジマンコキ、ダテコキ、ヘーコキのような言い方もある。

コグ ［五］根のあるものを引き抜く。／マツノキ アッタケ コイデシモタ（松の木を全部引き抜いてしまった）。クサオ コグ（草を根ごと引き抜く）。ダイコンオ コグ（大根を引き抜く）。ダイコンコギノ テッタイスル（大根を引き抜くのを手伝う）。

コケ ①茸。※「木毛」（『古事記』）。／アカシャゴケ（ニセアカシアの古木、切り株などに生える茸。汁物に入れると美味）。コケトリ（茸狩り）。コケノ オツユ（茸の入った吸い物や味噌汁）。かつて内灘の松原で採れた茸には シメジ（紫色の茸）、マ

ツミ（虫が入っていることがある）、ショーロ（春と秋の2回採れる。小松原の土中にしかない茸）、ツチカブリなどがある。②苔。

コケコッコ　鶏。〈幼〉

ゴザイミス　［連］ございます。ゴザリミス〈老〉とも。〈丁〉〈老〉／アンヤトゴザイミス（有り難うございます）。ゴザイミスよりもゴザリミスの方がもっと丁寧な感じ。

コサエル　［一］こしらえる。作る。

ゴザル　［五］①居られる。②来られる。〈老〉〈尊〉②／オキャクサン　モ　ゴザッタカイネ　オー　ゴザッタカ（お客さんはもう来られたか、おー来られたか）。

ゴシムク　［五］おっ死ぬ。「死ぬ」のさげすんだ表現。

コジャマクサイ　［形］面倒くさい。とても邪魔になる。／コジャマクセ　ヨリニヨッテ　コノ　イソガシ　トキニ（面倒くさいなあ、とりわけこの忙しいときに）。

ゴショサマ　御消息。東本願寺歴代住職の門信徒に宛てた直筆の手紙。御書様。

コジンマットシタ　［連］小さくまとまっている。

コゼー　少人数のこと。※「小勢」／コゼーデ　オンセン　イク（少人数で温泉へ行く）。コゼーナ　ウチ（家族の人数が少ない家）。

コセコセ　［副］些細なことにこだわること。／コセコセト（些細なことにこだわって）。コセコセ　スル（細かい事柄にこだわる）。

ゴゼン　①法事、婚礼の際などの御膳料理。／ゴゼンニ　ツイテ　モラエッカイネ（料理の御膳についてもらえますか）。ゴゼンタベテッテー（御膳料理を食べて行って下さい）。ゴゼン　イタダキマス（御膳料理を頂きます）。②膳。／アカゴゼン（法要などで用いる朱の漆塗りの御膳）。クロゴゼン（祝い事などで用いる黒の漆塗りの御膳）。タカゴゼン（足の高い御膳）。

コソガシ　［形］くすぐったい。コソバイ、コチョガシとも。／ホンナ　トコ　イロタラ　コソガシガイネ（そのようなところをさわったら、くすぐったいよ）。

コソガス　［五］くすぐる。／コソガサントイテー　クッルシー（くすぐらないで、苦しい）。

コソニ　［助］〜らしくて。〜みたいで。［原因の推量］／ハグキャ　ヤセタイラコソニ　タベニクテ（どうも歯茎がやせたらしくて、食べにくくて）。

ゴタ　口で言う無理難題のこと。ちゃんとした理屈、機転、ペテン。［関連］ゴタムク［五］、ゴタムキ。［マイナスイメージ語］／ゴタモ　ムケントイテ　ナン　イーカ（一人前の理屈も言えないで、何を言うか）。

コタオキ　［連］…どころか。／ワカイ　コタオキ　モノスント　トシイットルワイネ（若いどころかものすごく歳をとっているよ）。ハシルコタオキ　アルカンモ　ヤットヤワ（走るどころか歩くのもやっとだよ）。※「ことは措き」。

ゴタクナラベル　［連］くどくどとしつこく勝手な思い上がったことを言う。「ゴタク」は「御託宣」の略。

ゴチャマゼ　様々なものを混ぜあわせた状態。

コッサ 松の落葉。〈古〉／コッサ サライ ニク（松の落ち葉を拾いに行く）。フロ タカンナンシ コッサ サロテ コイヤ（風呂をたかなければいけないから、松の落ち葉を拾って来なさい）。「コッサ サラウ」と言った世代の後「コッサ ヒロー」と言ったこともあった。金沢市粟崎町では「コッサ カキニイク」。

コッサワガシ ［形］とても騒がしい。とてもうるさい。

コッタイ （魚名）こしょうたい。鯛の一種。

コッチビタ ［代］こちら。こっちの方面。［関連］アッチビタ（あちら）、ホッチビタ（そちら）。

コッチャ ［代］当方は。私は。我々は。［関連］アッチャ［代］（先方は）。※「こっちは」。／コッチャ マタ イカンナンシ アマイ コト ナイ（私がまた行かねばならないので、大変だ）。ホンナ コト イワレテモ コッチャ ヨワッテ シモワ（そのようなことを言われましても当方は困ってしまうよ）。

コッチャ ［助］コト＋ヤ→コッチャ①ナン～コッチャ（何が～のことか）の形で反語的表現。／ナン イッタ コト アッコッチャ（何が行ったことがあるものか→全然行ったことがないよ）。ナン オキトッコッチャ モ ネトルワイヤ（なにが起きているものか、もう寝ているよ）。ホンナ コト ナンヤコッチャ（そんなことは何であることか→そんなことは何でもないぞ）。ナンヤー コッチャ（何が嫌なことだ→そんなことは嫌なことではないぞ）。ナン コーコッチャ（何が買うものか→絶対買わないよ）。

ナン ワカイコッチャ（何が若いものか→全然若くないよ）。［助］②コッチャ（～する方が良い。～しなさいよ）。［親しい間柄・目下の者に対する忠告や命令］《終止形＋コッチャ》／ハヨラト シル（シッ）コッチャ（早くしたら良いよ）。ネル（ネッ）コッチャ（寝る方が良いよ）。イク（イッ）コッチャ（行きなさいよ）。アルク（アルッ）コッチャ（歩きなさいよ）。カク（カッ）コッチャ（書きなさいよ）。トマル（トマッ）コッチャ（とまりなさいよ）。コタツニ アタル（アタッ）コッチャ（炬燵にあたりなさいよ）。ジブンデトコル（トッ）コッチャガイネ（床は自分でとりなさいよ）。コッチャの前の動詞が-mu,-uで終わる場合は、コッチャの前は「ッ」とはならぬ。クーコッチャ（食べなさいよ）。コーコッチャ（買いなさいよ）。スーコッチャ（吸ったら良いよ）。ツマム（ツマン）コッチャ（つまむ方が良いよ）。トーコッチャ（聞いたらいいよ）。ヌーコッチャ（縫いなさいよ）。ノム（ノン）コッチャ（飲みなさいよ）。ホーコッチャ（這ったら良いよ）。ヨーコッチャ（酔えば良いよ）。《未然形＋ン＋コッチャ》／マダシンコッチャ（まだしないでおく方がよい）。ネンコッチャ（寝ないでおきなさいよ）。イカンコッチャ（行かない方がいいよ）。ホンナモン ノマンコッチャ（そのようなものは、飲まないでおきなさいよ）。デンワ カケンコッチャ（電話をかけない方がいいよ）。③コッチャ（～なことだ）。《連体詞＋コッチャ》／コリャ ドーユーコッチャ（これはどういうことか）。《疑問代名詞＋コッチャ》／ホリャ ナンノコッチャ（それ

は何のことだ)。《形容動詞＋コッチャ》／ヤーコッチャ（嫌な気持ちがする）。ヤナコッチャワイネ（嫌なことですよ）。《形容詞＋コッチャ》／ホリャ イーコッチャガイネ（それは良いことではないか）。ヨージャ アルノ ナイノテ イソガシコッチャ（用事があるわあるわ、忙しいことだよ）。イロンナコッチャッタワイネ（色々なことがありましたよ）。

ゴッツイ　［形］大きくて頑丈な。／マタ ゴッツイ ウチ タテタ ナー（また大きな家を建てたものだなー）。

ゴッツォ　御馳走。／コナイダモ ゴッツォサンナ（先日もごちそうさまでした）。コノ オカシ モッテクマッシ。アンヤト ゴッツォサンナネー（このお菓子を持っていきなさいよ。有り難う、御馳走さまです）。

ゴッツンコ　ぶつかること。〈幼〉／アタマト アタマ ゴッツンコ シタワ（頭と頭がぶつかったよ）。

コッデ　［接］これで。コンデとも。〈老〉／コッデ アンシンジャ（これで安心だ）。

コットット　［副］①暖かく。②すっかり。コットリ［副］とも。①／フロカラ アガッタラ コットット シトンマッシヤ（お風呂からあがったら暖かくしていなさいよ）。カゼ ヒータラ コットット ネトラン イチバンヤゾイネ（風邪をひいたら暖かくして寝ているのが一番だよ）。②／ハタケノ スイカ コットット トラレテシモトッタ（畑の西瓜をすっかり盗られてしまっていた）。コットット ヒャ クレテシモタネ（すっかり日が暮れてしまったね）。

コットラ　［代］当方は。私は。我々は。コッチャ、コッチトラとも。［威張って、自慢して言う一人称］

コットリ　［副］暖かく。コットット［副］とも。／コットリ シトラニャ カゼ ヒクゾ（暖かくしていないと風邪をひくよ）。

ゴットンバナ　やや黄色味がかった、どろどろした粘り気のある洟。青洟。［関連］アオッパナ（やや緑色をおびた、やや粘質の洟。栄養不良など体調に異常をきたしているのが原因だといわれる）、ミズッパナ（水っぽくさらりとして、垂れ下がりやすく、やや透明の洟。風邪などをひくと出やすい）。テバナ（紙などを用いず、指で鼻をつまむようにして、片方ずつ勢いよく鼻息を出して、洟を空中へ放出してかむこと）。

コッパオジ　末っ子。又は三男。

コッペノ スノモン サラ ネブリ　［慣］コッペの酢のものは、美味でお皿までなめるほどである。コッペはエイの仲間の魚。そのヒレの部分を三杯酢で食す。

ゴテゴテ　［副］塗り過ぎな程厚く。／アノ ミンチャ イッツモ ケショー ゴテゴテヤ（あの女はいつでも、化粧が厚すぎだ）。ゴテゴテニ ヌッタクットル（厚すぎる程に塗っている）。

コテンコテン　［副］徹底的に。とことん。コテンパンニ［副］とも。［敗北する時に用いる］／コナイダノ ショーギャ コテンコテンニ ヤラレタ（この前の将棋は徹底的にやられた）。

コテンパンニ　［副］徹底的に。とことん。［敗北する時に用いる］／ケンカ シテ コテンパンニ ナグッツケラレタ（喧嘩して、とことんなぐられた）。

40

コナイダ 先日。このあいだ。／コナイダ オヤマデ アルイトラン ミタケド ドコ イッタン（先日、金沢で歩いているのを見かけたけど、どこへ行ったの）。

コナイニ ［副］このように。これだけ。／コナイニ イーガニ シテモッテ キノドッキャニー（このようによくしてもらって、すみませんね）。

ゴナラベ 連珠。五目並べ。

ゴナル ［五］泣く。人が泣いているのを嘲笑して言う。

コニクラシー ［形］とても憎らしい。「コ」は強意の接頭辞。

ゴネル ［一］ああだこうだと理屈を言って、なかなか自説を引き下げない。

コブタ 肴の盛り合わせ。正月や祭りの御馳走としての、５種類か７種類の口取り肴の盛り合わせのこと。普通、重箱や薄板製の箱などに入れるが、その容器に入れた料理全体を「コブタバコ」と言う。エビス、卵巻き、酢蓮根、お多福豆、紅白のハベンなどを盛り付ける。葡萄などの果物や、ゴリの佃煮やフグノスジを薄く切ったもの、小鮒の甘露煮などを付け合わせたりもする。

コブラガエリ ふくらはぎの筋肉の痙攣。

コベ 額。ひたい。

ゴボサン 僧侶。寺院。ゴボサマ、ゴンインサンとも。尼寺の尼僧は「アンジュサン」。僧侶に面と向かって呼びかける場合は、「ゴンインサン」の方を多用。

ゴボル ［五］水田などの泥地や、積もった雪などに、足が深く沈み込む。／ユキャ デッカイ コト ツモッタンデ ナガツ ハイテ ゴボリナガラ ヤットコサ アルイテ ガッコ イッタ（雪がたくさん降り積もったので、長靴を履いて雪に沈み込みながら、苦労して歩いて学校へ行った）。フナツキバノ ドロントコデ アカダ トルガンナラ アコワ ゴボルサカイニ ナガグツ ハイテケヤ（船着き場の泥地のところで、ゴカイを取るのなら、あそこは沈み込むから長靴を履いて行けよ）。

コマゲタ 庭下駄。〈古〉

コマコイ ［形］細かい。コマケー［形］、コマイ［形］とも。

コマザライ くまで。大根布・荒屋ではベッラ。

ゴマメ たづくり（田作）。小さな片口鰯を干して乾かしたもの。

ゴメク ［五］泣く。〈蔑〉〈古〉

コメムシ 穀象虫。体長２mm程の黒色の小さな甲虫。頭が象の鼻に似る。収穫後の米につく害虫。

ゴリ （魚名）鮴。小型のハゼ。淡水魚。昭和30年代には、大野川・河北潟ではたくさんとれて、飴炊きの佃煮にした。

ゴリオシ むりやり押し進めること。反対意見を無視して無理に物事を押し進めること。川でゴリを網でとる漁獲法からきている。

コリャー ［感］こらあ。叱るときの言葉。

ゴロゴロ 雷。カンナリとも。〈幼〉／ホリャ ゴロゴロ キタゾ ヘソ オサエトロ（ほれ雷が来たぞ、へそを押さえていろよ）。

コロット ［副］すっかり。／アリャー コロット ワスレトッタ（あれえ、すっかり忘れていた）。

コロバス ［五］①倒す。②無造作に置く。

コワイ

／ドッカ ソノヘンニ コロバシトイテ （ど
こかそのあたりに置いておいて）。

コワイ ［形］コウェー［形］とも。①食
べ物などが固い。カテー［形］とも。②恐
ろしい。

コワケル ［下］壊れる。／メガネ コワケ
テシモタ（眼鏡が壊れてしまった）。

コワス ［五］両替する。崩す。／イチマ
ンエンオ センエンサツデ コワシテキテク
レ（１万円を千円札で両替して来てくれ）。

コンカ 米糠。／コンカアメ（小糠雨）。※
「小糠」

ゴンゲンサン お坊さん。ゴボサマ、ゴン
ギンサンとも。※「御院様」の転。

コンコン 咳。〈幼〉／カゼ ヒータラ コン
コン デルゾー（風邪をひくと咳がでるぞ）。

コンコン ［副］雪が静かにいつまでも降
る様。／ユキャー コンコン フットルワ。
ナッカナカ ヤマンヨーヤ（雪が静かに降
り続いているよ。なかなか降りやまぬよう
だ）。

ゴンザオザ 御本山御座。〈仏〉

コンサツ 多忙。／ヨメドッリャ チコ
ナッタラ コンサツ カヤシトル ワイネ（結
婚式が近づいたので大変忙しくしている
よ）。コンサツ カケタネ（忙しくさせたね）
［他家を訪れて帰るとき］。

コンサツナ ［形動］多忙な。／コンサ
ツナ ホンナ コト シンカッテ イー ガイネ
（お手数をかけることになる、そのような
ことをしないでも良いよ）［丁重なもてな
しに対する遠慮］。

コンジョウワル 意地悪。

コンダケ ［連］これ程。これだけ。／コ

ンダケ スッキャニ（これ程好きなのに）。

コンタビ 今度。今回。コンタ、コンダと
も。／シンシ コンダー シケン ドンナ モン
ダイ デラン（先生、今度は試験にどんな問
題が出るの）。

ゴンタミ ごみため。きたないものの集
まった場所。

コンデ ［連］これで。コッデとも。／コ
ンデ シマイヤゾ（これで終わりだよ）。コ
ンデ イーヤロ（これで良いだろ）。コンデ
キマッリャ（これで決まりだ）。オチャ マ
イッパイ ドーヤイノ。コンデ タクサン タ
クサン（お茶をもう一杯どうだね。これで
もうたくさんだ、もういいよ）。

コンナリ ［連］このまま。／コンナリ マ
イコト イット イーガヤガ（このままうま
く行くと、良いのだが）。コンナリ ドッカ
イッカイネ（このままどこかへ行こうか）。

コンノチ この家。※「この家(うち)」の転。

コンペント 金平糖。細かいいぼ状の突
起のある、粒状の砂糖を固めて様々に着色
したお菓子。※ポルトガル語の「confeito」。

ゴンボ ごぼう（野菜）。／ゴンボノ タイ
タン（ゴボウの煮つけ）。

サ

サ ［助］〜すると。〜すれば。〜ならば。
サナ、サイ、サイナ、サイニャ〈老〉とも。
［仮定］《連体形＋ト＋サ》／サムナットサ
（寒くなったら）。ホンナ コト カクトサ（そ
のようなことを書いたら）。《連用形＋タ＋

サ》／アメフッタサ（雨が降ると）。ホシタサ（そうしたら）。ソシタサイニャ（そうしたら）〈老〉。ユキャー　フッタサ（雪が降ったら）。

ザイゴ　田舎。農村や山村部。※「在郷」。

サイズチアタマ　出っ張り頭。後頭部、前頭部が突き出ていて、木槌のような形をした頭。

サイナラ　［慣］さようなら。サヨナラとも。別れの挨拶。

サカイ　［助］〜だから。〜なので。サケ、サケニ、サカイニ、シとも。／ナツヤ　サカイ　アッツイガン　アッタリマイヤ（夏だから暑いのは当然だ）。ホンナ　トコイク　サカイヤ（そんな所へ行くからだ）。ホヤ　サカイニ　ホンナ　コト　シタラ　ダチャカンテ　イートッタ　ヤロイヤ（それだから、そのようなことをしては駄目だと、言っていただろ）。ホヤ　サケ　イータヤロ（そうだから言っただろ）。ダラヤ　サケ（馬鹿だから）。ツコワン　サカイニ　ドッカ　カタズケタンカニ（使わないから、どこかへしまったのかね）。カゼ　ヒク　サケ　アッタカー　シトンマッシ（風邪をひくから暖かくしていなさいよ）。大根布では　キニ　とも。／ジン　モットランヤキニ　デカイ　ハカ　タテタラ　イーガニナ（お金を持っているのだから大きな墓を建てたら良いのにな）（大根布）。同じ言葉は敦賀から福井、能登、佐渡、新潟、山形の沿岸部と北前船の航路と一致した地域にも見られる。富山の東部では「さからいに」。

サカシマ　逆さま。正反対。逆。／サカシマンナッテ　ヒックリカエッテ　オレイオ

イートッタ（ひどく丁寧にお辞儀をして、お礼を言っていた）。

サカムケ　指のささくれ。爪のはえぎわの皮膚が小さくむけること。［関連］サカムケル　［一］。サカムケル　は　サカムケデキル、サカムケンナルとも。

ザクラシ　［形］嫌らしい。ザッカシ［形］、ザルカシ［形］とも。※金沢で言うウザクラシの転。／ザッカッシャ　ヘンナコト　イワントイテ（嫌らしい、妙なことを言わないで）。

ササカレイ　（魚名）やなぎむしがれい。鰈の一種。

ササクレダツ　［五］竹や棒などの先端が、細かく裂け割れる。

サッカラ　［連］先程から。※「先から」の転。／サッカラ　ズート　マットランヤゾ　マダ　コンガイネ（先程からずっと待っているんだよ、まだ来ないよ）。サッカラ　マダ　デンワ　シトランカ　ナガイ　デンワヤナー（先程からまだ電話をかけているのか、長電話だなあ）。

サッキ　先程。先刻。

サッパリ　［形］味や気性などがあっさりとした。すっきりした。／サンパツ　イッテキタラ　サッパリ　シタワ（床屋へ行ってきたら、気分がすっきりしたよ）。サッパリ　シタ　リョーリャ　スッキャワ（あっさりとした料理が好きだな）。サッパリシタ　ショーブンノ　ヒト（ぐずぐず気にとめないすっきりした性分の人）。

サッパリ　［副］全然〜でない。／サッパリトレンナンダワ（全然穫れなかったよ）。

サナ　［助］〜すると。〜すれば。サ、サイ、

サイニャとも。［仮定］〜サ［助］よりも強い意味。《連体形＋ト＋サナ》／アメフット サナ（雨が降ったら）。ネツ アット サナ（熱があるならば）。ナンカ イート サナス ンニ スネランヤシ マンデ コドモヤネ（何かを言うと直ぐにすねるのだから、まるで子供みたいだね）。《連用形＋タ＋サナ》／サムナッタ サナ（寒くなったならば）。アメ フラナンダ サナ ナーモ ウチニ オンマサランワイネ（雨が降らなかったらちっとも、家にいらっしゃらないですよ）。

サバボーチャ 　出刃包丁。

サブイ 　［形］寒い。サップイとも。／サブイ コッチャネー（寒いことですねー）。サブナッテネー（寒くなりましたねー）。ウッテ カワッテ サブナッタニー（打って変わって、寒くなったねえ）〈老〉。［関連］サブガリ（寒がりな人）。

ザマタレ 　醜態。不様な状態。

サラ 　①新品。②皿。①の［関連］マッサラ（正真正銘の新品）。

サラス 　［サ変］〜しやがる。［卑俗語］／ナン サラスガイヤ（何をしやがるんだ）。

ザラヤ 　［形動］ごく普通にどこにでもあるような。／ホンナ モンナ ソンジョソコラニ ドコニデモ ザラニ アッライヤ（そのようなものはその辺にどこにでも普通にあるぞ）。

サワス 　［五］柿の渋を抜くこと。／サワシガキ（渋を抜いた柿）。

サンサイ 　（魚名）ぼら。出世魚であり、小さな順に「コチョ」又は「チョボ」→「イシゴイ」→「ニサイ」→「サンサイ」と呼び名が変化する。

サンドマメ 　さやいんげん（野菜）。さやごと食用にする。年に３回収穫できるのでそう言う。

サンニョ 　計算。心積もり。［関連］サンニョダカイ。／ヨジハンヤゾ ホノツモリデ サンニョシテ ヨイ シッサカイニネ（四時半だよ。そのつもりで用意するからね）。アシ イタテ タチルテ イータカテ スンニ タチレン サンニョ シトラニャ セイタワケニ イカンガイネ（足が痛くて立ち上がるといっても、すぐには立ち上がれない、あらかじめ心積もりしていなければ、急いだようなわけにはいかないんだよ）。

サンニョ ワルイ 　［慣］具合が悪い。都合が悪い。／サンニョ ワルテ イケレンワ（都合が悪くて行けないよ）。

サンマタ 　男性用のパンツ。（下着）

シ

シ 　［助］〜だから。ヤシ、ヤサカイ、ヤサカイニ、ヤサケ、ダシとも。［理由］《名詞＋ヤ＋シ》／ダラヤシヤ（馬鹿だからだ）。《連用形＋タ＋ン＋ヤシ》／ハヨ キタンヤシ（早く来たのだから）。タベテ シモタンヤシ モ ナイワ（食べてしまったのでもう無いよ）。《未然形＋ン＋シ》／イカン シニ（行かないから）。アタシ アンタ ゼッタイ ユルサンシネー（私はあなたを絶対に許さないからね）〈女〉。《終止形＋シ》／アメ フッテクッシ ハヨラト カエンマッシヤ（雨が降って来るから早く帰りなさいよ）。

マダ シュクダイ シンナンシ アスンニ イケンワ（まだ宿題をしなければならないから、遊びに行けないよ）。ウチ コワス ダンニ ナッタラ カンタンナ モンヤ ガッシャント ヤッテ シモシ（家は壊す時になれば簡単なものだ、がっしゃんとやってしまうのだから）。《終止形＋ン＋ヤシ》アタシ ミトルンヤシ テレビ ケサントイテ（私が見ているのだから、テレビを消さないでおいて）。《その他》／ホヤシヤ（そうだからだ）。ホンジャシニ（それだから）。［理由付けの意が「〜サカイ」「〜サケ」よりも軽い］

シー 小便。尿。シーシー、シコ、シッコ、シーコ、オシッコ、チーチー、オチッコとも。〈幼〉まだ話せない小さな幼児を排尿させるのに、抱きかかえて言う。／シー コイ コイ。シー デル デル。シー デタ デタ。

ジー ［助］話し手が予想したり期待していたことと異なる状況になった場合の意外な気持ちを込める終助詞。①〜だねえ。②〜だよ。① ［「うらやましい」の意を含む感嘆］／キレイヤジー（綺麗だねえ）。イーモン タベルジー（良いものを食べているのだねえ）。シューガク リョコーデトーキョー イクガンカ イージー（修学旅行で東京へ行くのかい、いいね）。ゲンキソーヤジー（元気そうだねえ）。［驚き］／カオイロ ワルイ ジー（顔色が悪いねえ）。② ［注意］／ホンナ コト スット オソナルジー（そんなことをすると、遅くなるよ）。

ジカンガケデ ハシッテアルク ［連］時間に追われて、多忙にとび歩く。

シコ ひ孫。孫の子供。／イマダァ シコガ ジューサンニンモ オリマスガイネ、ナガ

イキ シタト オモワイネ。アリガタイ コッチャ（今ではひ孫が13人もいるのですよ、長生きをしたと思うよ。有り難いことだ）。新井白石著『東雅』には「曽孫をヒヽ コト云ひしは、古語にヒといひしは間也。子と孫とをへだてし謂なるべし。」とある。

ジジム ［五］墨などが滲む。

ジジムサイ ［形］①年齢よりも老けて見える。②とても地味な。ジジクサイとも。

ジゾサマ 内灘町向粟崎の六地蔵のこと。ジゾサンとも。※「地蔵様」。

シタイコト シー ［連］好きなことを思う存分、自由にする人。［関連］イータイコト イー。

シタ サス ［連］舌をちくちく刺す。腐敗しかかった食べ物の刺激で舌がちくちくする。

シタジ 料理の汁。／コノ ラーメン シタ ジャクドイワ（このラーメンは汁が塩辛いよ）。

ジダラクナ ［形動］だらしない。ふしだらな。／アンマシ ジダラクナ セーカツ シトル モンデ ナイガイネ（あまりだらしない生活をしているものではないよ）。

シチビタ 太股。ヒチビタとも。

ジックット ［副］ゆっくりと。ジックリ、ジックラーットとも。／ジックット シテ イキマッシマン（ゆっくりしていらっしゃいよ）。

シッタルイ ［形］①雨模様で湿気が多い。②雨に濡れること。①／エライ シッタル ナッタニー（ひどい雨降りになったねえ）［挨拶語］［若年層は用いない］。シッタルイ コッチャニー（ひどい雨降りだね

え）［挨拶語］［若年層は用いない］。②
アー　シッタルイ　ビチャビチャヤー（ああ
雨に濡れてしまってずぶ濡れだ）。

シッチャカメッチャカ　目茶苦茶な混乱
状態。

シドキョ　永代祠堂経会。〈仏〉

シナシナト　［副］やんわりと。ゆったり
と。ゆっくりと。／ワシャ　シナシナト　アル
イテクワ（俺はゆっくりと歩いて行くよ）
〈老〉。

シナンタロ　いら蛾の幼虫。毒があり、刺
されると激しい痛みをともない腫れ上が
る。

ジビキ　地引き網漁。

シマイニ　［副］ついには。結局は。シマ
イニャとも。※「仕舞い」。／ノンデバッカ
オット　シマイニャー　カラダ　コワッソイネ
（酒を飲んでばかりいると、ついには体を
こわしてしまいますよ）。

シマツ　節約。倹約。／モ　チョッコ　シマ
ツシテ　チョキン　センナー（もう少し倹約
して貯金をしなければいけない）。

シマネジラ　（魚名）ネジラガレイの縞の
ある種。大きくても12cm程。

ジマンコク　［五］［慣］自慢する。［関連］
ジマンコキ（自慢ばかりする者）、ジマンラ
シ［形］（生意気な）。

シメサバ　きずし。［料理］塩鯖を合わせ
酢に漬けたもので、刺身のように切って食
す。

ジメート　［副］じめじめ。湿気・水分
などが多くて、嫌な気持のすることを表
わす。／アメ　バッカ　フットット　キモチマ
デ　ジメート　シテシモワイネ（雨ばかり

降り続いていると、気持ちまでじめじめと
嫌な気分になってしまう）。

シモタ　［感］しまった。［失敗のとき］／
シモター　マタ　ワスレタガイネ（しまった、
また忘れたよ）。

シモトク　［連］［五］保存・保管してお
く。しまっておく。／モロタ　オトシダマ
チャント　シモトイタカイネ（もらったお年
玉をしっかりしまっておいたか）。

ジャージャモリ　底が抜けている様。ざ
あざあ漏り。／バケツ　デッケー　アナ　アイ
テ　ジャージャモッリャガイネ（バケツに大
きな穴があいて、ざあざあ漏りだよ）。

シャーナー　ナル　［連］［五］悲しくなる。
さみしくなる。／ホンナ　コト　イワレット
シャーナー　ナルワイネ（そのようなことを
言われると悲しくなるよ）。

シャーナイ　［形］①しようがない。仕方
がない。②悲しい。さみしい。つまらな
い。①／シャーナシニ　ガマンシタ（仕方な
く我慢した）。ハラタッテ　シャーナイ（腹
が立って仕方がない）。イカナ　シャーナイ
（行かなければ仕方がない）。②／シャーナ
イ　ヒトヤネ（さみしい人だね）。シャーナ
イ　コト　イワントイテ（悲しいことを言わ
ないで）。

ジャーマ　①妻。②主婦。ジャーサ〈古〉
とも。〈般〉［若年層は用いない］①［自分
の妻の意では謙遜］／ウンノ　ジャーマ（私
の女房）。②［他人の妻の意では見下した
言い方］／ワンノ　ジャーマ（お前の女房）。
※ジャー＋人を表わす接尾語マ。子供が母
親を呼ぶのにジャジャ、ジャー、ジャなど
が全国的に用いられる。子供を基準にした

親族呼称であった。

シャーワシナ ［形動］幸福な。〈老〉／オマンガ イチバン シャーワッシャワイヤ（お前が一番幸せだぞ）。

ジャイ ［連］〜だ。〜である。［助動詞ジャ＋終助詞イ］［がさつな言葉］〈若〉／ホンデ イインジャイ（それでいいのだ）。ホージャイ（そうだ）。オマンナ イッツモ ホンナンジャイ ワカッタカイヤ（お前はいつでもそうなのだ、わかったか）。

シャク 柄杓。ひしゃく。／シャクデ クンミャゲル（柄杓で汲み上げる）。

ジヤク 寺役。月忌参り。

シャッシャー ［副］てきぱきさっさと。［擬態語］動作がすばやく、きびきびしている様。／アノ ヨメサンナ シャッシャー シャッシャト ウゴイタルク（あのお嫁さんはてきぱきと、さっさと動いてあるく）。

シャバジュー ［連］いたる所。どこででも。全世間で。世界中。／シャバジュー モーテ アルク（世の中全体を回って歩く）。シャバジュー ヒョーバンヤ（世間全体で評判だ）。

ジャマクサイ ［形］面倒くさい。面倒な。《体言＋クサイ》→不快、不満、もどかしい気持ちを付加する。

ジャマナイ ［形］だいじょうぶ。／ボク コロンダンカ ジャマナイカ（坊や、転んだのか、大丈夫か）。

シャモジ 杓文字。オシャモジとも。※「しゃくし」の「しゃ」に「文字」を付加した女房詞に由来。／オーイ オヒツニ シャモジ ハイットランゾー（おーい、おひつに杓が入っていないぞ）。

シャモメル ［一］気がもめる。腹が立つ。シャモミル［一］、シーモム［五］とも。※「精がもめる」の転／アリャー シャモミタナー（あれー、腹立たしいなあ）。ハライッペ シーモンダ（非常に腹が立った）。

シャル ［助動］〜なさる。〈尊〉〈老〉／オラッシャッカイネ（いらっしゃいますかね）。

シャンナ ［助動］〜しなさんな。〈老〉／ダラナ コト キカッシャンナ（馬鹿なことを聞きなさんな）。ホンナ コト イワッシャンナ（そのようなことを言いなさるな）。アンマシ ノマッシャンナ（あまりたくさん飲みなさるな）。

ジャンボイカ （魚名）そでいか。タルイカとも。

ジュッセンミセン ［連］安物。価値のないもの。ジュッシンミシンとも。

シュン 旬。食べ物の穫れ盛り。／マッタキャー イマガ シュンヤ（松茸は今が穫れ盛りだ）。ヤッパ シュンノ ブッリャ マイワイヤ（やはり穫れ盛りの鰤は美味いよ）。

ショージン アケ 忌明け法要。精進の期間が終わる「三十五日」または「四十九日」の忌明け法要。仏教の法事の一種。

ショーズ 清水。湧水。泉。※「清水」。

ショーズバ 湧水の場所。内灘町においては、特に向粟崎では昭和30年代にはまだ、わずかな距離を隔てて、いくつものショーズバがあった。綺麗な清水が湧き出て、ショーズバには主婦たちが集まり、洗濯をしたり食器を洗ったり、また夏にはトマトや屋号の焼き印のある西瓜を冷やしたりしていた。

ショーツキ 祥月命日。タチビとも。故人の亡くなった月日と同じ月の同じ日。／キャ ヨー セワンナッタ バーチャンノ ショーツキデ ゴボサマ マインニ オイデル ヒーヤイネ。アンタ ビョーインデヨー オネンブツ モーシトンマッシャ（今日はよく世話になったおばあちゃんの祥月命日で、お坊様がお参りに来られる日だよ。あなたは病院でよくお念仏を申していらっしゃいよ）。

ショーブシタ ［慣］良い目にあった。／タンジョビニ ジテンシャ モロタンヤテー ホリャ ショーブシタネ イカッタ イカッタ（誕生日に自転車をもらったのだって？それは良い目にあったね、よかったよかった）。

ショーブワケ 形見分け。／コリャー オババノ ショーブワケニ モロタ キモンヤ（これはおばあさんの形見分けとしてもらった着物だ）。

ショクドイ ［形］塩辛い。しょっぱい。クドイとも。［関連］ションナイ（塩気がない）。

ショッパナ 最初。

ショモナイ ［形］仕方がない。つまらない。ショーモナイ、ショムナイとも。

ジョンコノイー ［形］自分勝手なことを言う。ジョンコイーとも。／マタ ワシナンカシテ クレテカ ジョンコノイー。ヤー ワイヤ（また俺のものを貸してくれというのか、勝手なことを言うな。嫌だよ）。

ジョンナ ［形］如才のない。気がきく。愛想の良い。※「上手な」の転。／アノヒター ジョンナ ヒトヤワイネ（あの人は気のきく人だよ）。［関連］ジョンニ［副］（うまいことに。良いことに）。

ションナイ ［形］①塩気がない。味がない。美味しくない。②味気ない。［関連］クドイ［形］、ショクドイ［形］。①ションナイ シタジヤナー（塩気が足りなくて美味しくない汁だなあ）。②ナンヤ ションナイ カオ シテカラニ ゲンキ ナイナー ドッカ ワリーガンカ（なんだ味気ない顔をして元気がないね、どこか悪いのか）。

ションベン 小便。尿。［関連］ションベンタレ。

ションベンタレ ①寝小便をもらす者。②青二才。①／マタ フトギ ヌラシター コノ ションベンタレガー（また蒲団をぬらしたな、この寝小便もらしめ）。②〈蔑〉／オマンナ マダ マダ ションベンタレヤナー（お前はまだまだ初心者の青二才だな）。〈謙〉／ワシ ナンカ マダ マダ ションベンタレヤワイネ（俺なぞはまだまだ新入りだ）。

シリッパショリ 動きやすいように着物の裾を、尻の上の帯に挟み込むこと。ケツマクリ、シリカラゲ、スソカラゲ、スソマクリとも。

シリフカズ 後始末の悪い者。／ホリャ マタ シリフカズヤ。チャント トー シメテ イキマッシマン（それまた後始末が悪い。きちんと戸を閉めて行きなさいよ）。

シル ［一］行為をする。スルとも。未然（シン）、連用（シタ）、終止（シル）、連体（シルコト）、仮定（シタラ）、命令（シロ・シー・ショ）のように変化。／アンタ シンデモ イーゾ（あなたはしなくても良いよ）。シンデイー ホンナ コトー（しなくて良い

ぞ、そんなことを）。ハヨ ショ（早くしなさい）。チャント ショーゾ（ちゃんとしなさいよ）。ハヨ シーマンヤ（早くしろよ）。命令形では「シー」は強い感じで、「ショ」はやさしい感じが含まれる。「〜しなくなる」のことを〜シンクナル〈若〉、〜シンガンナル〈壮〉、〜シンヨニナル〈老〉と言う。

ジロアメ　水飴。／カゼ ヒータガンナラ ジロアメ ナメッコッチャ。ノドニ イーゾ（風邪をひいたのなら、水飴をなめなさいよ。喉に良いよ）。

シロイカ　（魚名）ぶどういか。

シロカレイ　（魚名）いしかれい。鰈の一種。

シロゴリ　（魚名）白魚。しらうお。

シロトッリャイ　子供の遊び。ヤットンとも。２グループに別れて電柱をそれぞれ本拠地にし、それを城に見たてて自分より先に電柱を離れた相手の身体に触れると、その触れられた子供はゲームから退く。相手側の電柱に触れて「ヤットン」と言うとゲーム終了。

シロブナ　（魚名）ぎんぶな。銀鮒。

シロメコ　（魚名）ぼらの一種。小型種。サンサイ、アカメコとも。

シワラクサイ　［形］糞尿の臭いがする。

ジン　銭。お金。ジンジ〈幼〉とも。※「銭」。／アブラ ジン（燈明料）。ジン ナンボ アッカ チャント ヨンデクレ（お金がいくらあるか、しっかり数えてくれ）。

シン　鍵。※「心張り棒」。／シン カケタカ（鍵をかけたか）。

シンガイジン　へそくり。※「新聞銭」

シンガイスル　［サ変］こっそり貯める。

保存する。［関連］シンガイジン（へそくり）。

シンキ　気の狂った者。

シンキクサイ　［形］じれったい。※「辛気臭い」／アレー シンキクサイ ナン グズグズ シトライネ（あれー、じれったい、何をぐずぐずしているんだい）。

シンコ　線香。オシンコとも。〈老〉『ある法事の料理御膳の席で、ある老僧がお漬物を食べたくなったので、その家の老女に「バーチャン オシンコ モッテ キテ クレンカネ」と言ったところ、そのお祖母さんが老僧のところへ「ハイ ドーゾ」と、お線香を持ってきた』という笑い話が伝えられている。

シンシ　先生。／ガッコノ シンシ（学校の先生）。

シンジュー　［副］常に。いつでも。※始終。／シンジュー ホンナ コト イーテ バッカシ ヤーン ナルワイネ（いつもそのような事を言ってばかり、嫌になるわ）。

シンショ　資産。財産。／アコノチャ シンショ イー ワイネ（あの家は資産家だよ）。

ジントリ　子供の遊びの一種。交互に地面に釘を突き刺して、その点から点へ線を引き、自分の領域・陣地を確保する子供の遊び。※「陣地取り」。

シンバリ　霜焼け。凍傷。※「しみばれ」の転。［関連］アカギレ（あかぎれ）、ヒビャキレル（ひびが切れる）。

ス

スイ ［形］酢っぱい。

スイッチョン 馬追虫。うまおい。きりぎりす科の夏の昆虫。

スイモン すいば。野草。※「酸い物」。昭和30年代まで、子供たちは野にはえているのをとって、酸っぱい味のする茎を噛んで、その汁を吸った。

スカ 籤（くじ）のはずれ。

スカスカ 風通しがよすぎる状態。

スカレイ （魚名）むしかれい。鰈の一種。

スケベ 色好み。

ズコガ タカイ ［慣］頭が高い。偉ぶる。

スジカイ 斜め。スズカイ、ハスカイとも。／ミチ スジカイニ ワタッタラ アンナイゾ（道路を斜めに横断したら危ないぞ）。

ススキ （魚名）せいご。出世魚。成長するにつれ、大きさによって呼び名が変わり、15cm程度までの小さい時はハネ、それより大きなものをセーゴ。セーゴより大きくなると「ススキ」と言う。

スストイ ［形］抜け目がない。ずるい。スストットイとも。

スッテン コロリン 勢いよく転ぶ様。／ミッチャ ツルツルニ コットッタンデ トッスベッテ スッテン コロリント アオノキテンバ カイテ コロンダワイネ（道がつるつるの状態に凍っていたので、ひどくすべって、仰向けになって転んだんだ）。

スットコドッコイ 大変なあわて者。

スッポンポン 素っ裸。／ナンボ フロカラ アガッテ スンニデモ ホンナ スッポンポンデ オラント ナンカ キンマッシマン（いくら風呂から上がってすぐであっても、そんな素っ裸でいないで、なにか着なさいよ）。

スバル ［五］数が減る。分量が減る。／トシ イッタラ トモダチモ ダイブ スバッテシモタ（歳をとったら、友達も随分と数が減ってしまった）。

ズベ 禿げ頭。

スマ 隅。角。スマッコとも。／ヘヤノ スマモ チャント ソージ シンマッシャ。ワタボコリャ タマットルガイネ（部屋の隅もしっかり掃除をしなさいよ。綿埃がたまっているよ）。

ズリコム ［五］中へ滑るように入り込む。／コタツニ ズリコム（炬燵の中へ滑るように入り込む）。

ズルケル ［一］怠ける。ずるをして休む。

スンデノコトデ ［副］危機一髪。もう少しのところで。

スンニ ［副］直ぐに。じきに。／キテ スンニ アタマカラ ホンナ コト イワントイテ（来てすぐに最初からそのようなことを言わないでおいてよ）。ノンダラ スンニ カオ アカナッシナー（飲んだらすぐに顔が赤くなるからなあ）。スンニ ホンナ コト イーガン オマンノ ワリー クッシャ ワイヤ（なにかというと直ぐにそのようなことを言うのは、お前の悪い癖だよ）。ツイタラ スンニ デンワ スルワ（到着したらすぐに電話をかけるよ）。

スンニ クラナッネー ［感］じきに暗くなりますね。［挨拶語］冬が近づいて日が短

くなった時期の夕方に交わすことば。

ズンベラボー のっぺらぼう。出っ張り などのなにもない状態。

スンマセン ［感］すみません。スマン（す まない）とも。［謝る・感謝・お礼］／スマン カッタ または スマナンダ（すまなかった）。

セ

セーセー ［副］心がすっとすること。心 が晴れやかになること。／アノ ヤナ ヤッ チャ カエッタンデ セーセー シタワ（あの 嫌な奴が帰ったので、心がすっとしたよ）。 シャッキン ハロテシモタラ コンデ セー セー シタワ（借金を払ってしまったら、こ れで心がすっきりとしたよ）。

セーダイテ ［連］［副］精を出して。がん ばって。一生懸命に。：急いで。セーダイ テ、シーダイテとも。／サッ イマカラ セー ダイテ ヤッテシモカ（さ、今から頑張って やってしまおうか）。

セーヨータオル 西洋手ぬぐい。小型タ オル。〈老〉

セーロ ①蒸し器〈共〉。②結婚式の時の祝 いの饅頭を入れる箱。②結婚を祝って親戚 などが祝いに贈る五色饅頭などを入れる、 1辺約60cm程の立方体の木箱。五色饅頭 というのは、白い蒸し饅頭、蒸し羊羹、赤 い粉をまぶした大福、黄色く染めた米粒を つけたイガラ、波形の細長いあん入りの餅 であり、それらは順に月、田（里）、太陽 （日）、山の幸（山）、海の幸（海）を表わ

す。／アコノチャ ゲンカンサキニ セーロ ツンデアッタガイネ。ダレノ ヨメドリ ヤ ロニ（あそこの家では玄関の前に、饅頭の 箱を積み上げてあったよ。誰の結婚式だろ うね）。

セカセカ ［副］気ぜわしくすること。／ ホンナ セカセカト シテ チャント デキラ ンカ（そのように落ち着かないでいて、 しっかりできるのか）。

セコイ ［形］けちな。

セッショーナ ［形動］残酷な。むごい。 ※「殺生な」。

セド 裏庭。※「背戸」。

ゼニマル 蟹の一種。ゼンマル、コーバ コとも。コーバコの若いもの。成熟すると コーバコになる。

セネラ （魚名）鰈の一種。くろうしのし たの仲間。「ネジラガレイ」の一種で、小型 種。大きくても10cm程度。

セワシナイ ［形］①落ち着きがない。う ろちょろして騒がしい。②多忙な。忙しい。 アセナイ、アシナイとも。①／セワシナイ コヤネ。チョット チント シトロ（うろちょ ろして騒がしい子だね。ちょっと動かない でいなさい）。

セワナ ［形動］世話のかかる。面倒な。手 間のかかる。／オキャクサンノ ゴゼン ジ ブントコデ コシラエトランカ セワナネー （お客さまの御膳料理を自分の家で作って いるのか、手間のかかることだね）。

センコ 木製のスコップ。コスケタ、コ シケタ、ドヤマとも。木製で羽子板状の雪 すかしの道具。昭和30年代にはまだ見られ た。内灘町室ではコスケタ、大根布ではド

ヤマ又はコシケタ。金沢ではバンバ。

センド 先日。以前。先に。／センド オータ コト アルヤロガイネ（以前に会ったことがあるだろう）。

センナ 山葵の葉。

センナン ［連］〜しなければならない。センナラン、シンナンとも。

センバン 十能。〈老〉

ソ

ソ 末寺の地区別。〈仏〉※「組」。／オンナシ ソナイノ オテラヤ（同じ組内の寺院だ）。

ソーケ ざる。［若年層は用いない］

ゾーサ 面倒。お手間。厄介。／ゾーサ カケル（お手間をとらせる）。

ゾーサナ ［形動］大変おおげさな。大変面倒な。／ゾーサナネー セワ カケテース ンマセン（大変面倒だねえ、お世話をかけて、すみません）。ホンナ ゾーサナ コト シンカッテ イー モンオ（そのような大袈裟なことをしなくてもいいものを）。

ゾーヨ 費用。諸経費。※「雑用」。／ナンカ コト アット ゾーヨ カカッテ シャーナイワ（なにか事態が発生すると費用がかかってしょうがないよ）。

ソイアイ 配偶者。〈老〉

ソクサイ ［形動］元気な。達者な。健康な。※「息災」／ドヤ ソクサイカイネ ナガイコトブリヤネ（どうだい元気かい、久しぶりだね）。ソクサイデ イツマデモ ナガ

イキ シンマカイネ（元気でいつまでも長生きしましょうよ）〈老〉。

ソコタラ ［代］そこら。そのへん。そのあたり。／ソコタラジュー ナンデモ カンデモ オイテ カッテー（そこらじゅうになんでも散らかして）。

ソロット ［副］そろって一緒に。／インナ ソロット デテッテ シモタ（全員そろって一緒に出て行ってしまった）。

ソンダケ ［副］それだけ。それほど。それくらい。ホンダケとも。

ソンナラ ［接］それなら。それでは。それじゃ。ホンナラとも。

タ

タータ 小さい女の子。女児に対する呼称。

タイ ［補］〜ください。タイマ、タイネ、タイヤとも。［近しい間柄に用いる遠慮のない表現］／アノ コニ オーテタイ（あの子に会って下さい）。マタ キテタイ（また来て下さい）。ホー シテタイ（そうして下さい）。マ スワッテタイ（まあ座って下さい）。タベテタイ（食べて下さい）。チョッコシ ツマンデタイ（少しつまんで下さい）。キャ トマッテタイ（今日は泊まって下さい）。ジックット ネテタイ（ゆっくりと寝て下さい）。ソット ノッテタイ（静かに乗って下さい）。ジャンジャン ノンデタイ（どんどん飲んで下さい）。サキニ ハイッテタイ（先に入って下さい）。ジン ハロテタ

タクサンゾナ

イ（お金を払って下さい）。マチゴワント ヤッテタイ（間違いなくやって下さい）。

タイ ［尊］下さい。／アレ タイ（あれを下さい）。マイドサン アメダマ タイマ（こんにちは、飴玉を下さい）。

タイガイ ［副］いつもは。普通は。／タイガイ ウチニ オルガンヤケドネー（いつもは家に居るんだけどねえ）。

タイガイニ ［副］いいかげんに。／モータイガイニ シンマッシヤ（もう、いいかげんにしなさいよ）。

タイソイ ［形］疲れてだるい。タイソ、ヒドイ、ツライとも。※「大層」。／カラダ ガ タイソイ。身体がだるい。

タイソ シル ［連］苦労する。難儀する。／タイソシテ ハタライテ ジン タメテモ ナーンニモ ナランカッタ（苦労して働いて、お金をためても何にもならなかった）。

ダイソドヤ ［形動］ものすごく大変だ。※「大騒動」。／ダイソドヤ オモヤ カッジャゾ（大変だ、本家が火事だぞ）。ダイソドナ コト シテクレタナー（大変なことをしてくれたなあ）。

タイソナ ［形］面倒。大儀な。コッタイソナ。ゴッタイソナ。タイソクラシ（とても面倒な）とも。／タイソナ ワザワザ イカンデモ イーガイネ。デンワ カケッリャ イーヤロイネ（手数のかかることだね、わざわざ行かなくても良いよ。電話をかければ良いだろう）。

タイッサマ 春の聖徳太子御忌法要。〈仏〉向粟崎では３月21日と22日。

タイテーデ ナイ ［連］並大抵ではない。大変だ。／コドッモァー ゴニンモ オット

タイテーデナイワイヤ（子供が５人もいると大変だよ）。

タイト ト （魚名）鯛。／ヨメドリカ ナンカニ タイトトモ カエンシト オモテ カレ ゴマイ コーテキタワイネ（結婚式か何かに鯛みたいな高級魚は買えないからと思って、鰈を５枚買って来たよ）。

ダイバラヤ ［形動］ものすごく大変だ。ダイソドヤとも。

ダイマイナ ［形動］貴重な。高価な。※「大枚（たいまい）」。

ダイメ ［数量詞］番。※「題目」。歌詞の１番、２番のことを「イチダイメ」「ニダイメ」と言う。／ワタシ イチバン ウトカラ アンタ ニバン ウトマッシ（私が歌詞の１番を歌うから、貴方は２番を歌いなさいよ）〈女〉。

ダカエル ［一］抱きかかえる。／ホンナ デッカイ ニモツ ダカエテ ドコ イカイネ（そんな大きな荷物を抱きかかえて、どこへ行くのか）。

タキモン 風呂、囲炉裏、かまどなどで焚く薪や、藁、落ち葉などの総称。［関連］コッサ（松の落ち葉）、バギ（薪）、ホエ（６尺程の細めの枝）。※「焚くもの」／タキモンナ ハジメ ホエカラ ヒーツケテ ホレカラ バギオ イレル（薪は、最初は細い枝に火をつけて、それから薪を入れる）。

タク ［五］煮る。炊く。御飯をタク以外でも、野菜、魚などをニルとは言わずタクと言う。／コノ ダイコン タイタラ マイゾー（この大根は煮たら美味しいよ）。

タクサンゾナ ［連］おおげさな。マソイとも。

53

タケスキー　竹スキー。太い竹を割って作った子供用のスキー。

タケンマ　竹馬。

ダゴ　団子。[関連] コロコロダゴ（自分の家の赤ちゃんが元気よく産まれるように願って、他家へ持参して食べてもらう、丸々としたお餅やおはぎのこと）。

ダゴイカ　（魚名）甲いか。

タゴキ　田桶。肥桶。タゴケ、コエタゴとも。[関連] シモゴエ（肥料としての人間の糞尿）、コヤシ（シモゴエを含む肥料全般）。／コヤシ タゴキニ イレテ カタイデク（肥料を田桶に入れてかついで行く）。

タシナイ　[形] 乏しい。もの足りない。貴重な。／コナイダモ オンミャゲノ オカシモッテ アンヤトー。ナーン チョッコシデタシナーカッタヤロイネー（先日もお土産のお菓子を頂いて、有り難う。いいえ、少しだったのでもの足りなかっただろう）。

ダセダセ　子供の遊びの一種。2人が面と向かい合って、どちらも腕組みをして立つ。挑戦者の方が、「ダセダセー、パンヤッ」「ダセダセー、グリコッ」や「ダセダセー、チンドンヤッ」などと言うと同時に、右手でパー、グーやチョキを相手の目の前に出し示す。すると相手は挑戦者の出したものと異なるものを即座に出して、それと同時に同じく「パンヤ」「グリコ」や「チンドンヤ」と言わなければならない。すると挑戦者はまたその相手と異なるものを出しながら、「パンヤー」「グリコ」「チンドンヤ」のうちどれかを言って、交互にそれを繰り返す。相手の口にしたものと同じものを出した者が、負けである。例えば「グリコ」と言われて、グーを出せば負け。

タタキ　土間。

タタツケル　[一] 激しくたたく。なぐる。タタッツケル [一] とも。

タチ　生まれつきの性質。資質。／タチャ ワルイナー スンニ ホンナ コト スルー（生まれつきの性質が悪いなー、直ぐにそのようなことをするのだから）。

タチバナ　立て花。〈仏〉仏花。紐や針金などを用いて、花、枝、葉などを曲げたり束ねたりして整えて作る。

タチビ　祥月命日。ショーツキとも。〈仏〉

タチマイ　家屋を建てる時の棟上げ式。タテマエとも。タチマイの時には、手伝いの人々や大工さんたちには、赤飯やお酒、ご馳走が振舞われる。

ダチャカン　[形] 駄目な。ダッチャカン、ラチャカン、ダッチャン、ダチカンとも。※「らちがあかん」の転。ラ行とダ行の入れ替わり。／ホンナ コト シタラ ダチャカン ガイネ（そんなことしては、駄目ですよ）。ナン ヤラシテモ ダチャカン ヒトヤネー（何をやらせても駄目な人だね）。オボイヨト オモトランヤケド モー ダチカン（大根布地区）（覚えようと思っているのだけれど、もう駄目だ）。

タチル　[五] 立つ。／ホコニ ジーット タチットレ（そこにじっと立っていろ）。

ダッコ　子供や赤ん坊を抱くこと。〈幼〉／ネー ダッコ シテー（ねえ、抱いてよお）。

ダッコ　魚や動物などの内蔵。／ガマ フンツケタラ ペッチャンコニ ナッテ ダッコ デタワ（ガマガエルを踏みつけたら、平たくつぶれて内蔵が出たよ）。

ダッミャ ［連］駄目だ。ダメヤ、ダミヤとも。／オマン ヒトノ カサ ダマッテ ツコタラ ダッミャロイヤ（お前、他人の傘を黙って使ったら駄目だろ）。

タテゾエ 読経と読経の間に、仏花に添え足す一輪の花。〈仏〉

タバカゼ 北西の風。［関連］マカゼ。漁師ことば。特に冬季に吹く北西の風をそう呼ぶ。

ダバダバナ ［形動］着物や洋服などが大き過ぎる。

ダヤイ ［形］だるい。／セナカガ ダヤテ ダヤテ スワットレンガヤ（背中がとてもだるくて座っていられないんだよ）。

ダラ 馬鹿。阿呆。ダラキ、ダラケ、ダラマ、ダラブチとも。ダラブチ は語調が柔らかく、優しさが込められている。［関連］ダラクサイ［形］（馬鹿らしい）、ダラホド［副］（あきれる程）、ダララシ［形］（馬鹿らしい）。／デッカイ ダラ（大馬鹿）。ダラカイネ（馬鹿ですか）。サ ダランコト イートラント カエロー（さあ、馬鹿なことを言っていないで帰ろう）。エー ダラ ナン イートラン（えい、この馬鹿者め、何を言っているのか）。ホンナ ダラナ コト アッカイネ（そのような馬鹿なことがあるものか）。ダラノ サンバイ ジル（味噌汁ばかり３杯もおかわりする馬鹿者）。鳥取・島根ではダラズ（しまりのない、愚か）。ダラは富山、五箇山、七尾などでも。大阪ではアホンダラ。ダラブチは主に能登。八丈島ではドンゴダラ。島根ではダラジとも。※「足らず」→「だらず」→「だら」。【俗説：仏教の「陀羅尼教」と結び付ける。「ダラブチ」は「陀羅仏」

の変化とする。「ダラ」と似た意味で「ねぶつもん」という言い方も金沢にあるそうだ。「ねぶつ」は「鈍物（にぶつ）」の転。】

タラ ［助］～とか。～等。／ホー イヤーナンタラ イートッタナー（そう言えば、何とか言っていたなあ）。

タラ ［助］～したらば。順接の仮定の接続助詞の「ば」は用いない。「た」の未然形である「たら」を接続助詞のように用いる。／タベタラ イー ヤロー（食べたら良いだろ→食べるなら食べなさいよ）。オトイタラ アンナイゾ（落としたら危ないぞ）。キッタラ チー デッゾー（切ったら血がでるぞ）。

ダラクサイ ［形］馬鹿らしい。ダラクセーとも。「～クサイ」はもどかしい気持ちを表わす接尾辞。

タラシー ［接尾］とても～らしい。［関連］クセ［接尾］。［意味を強めて形容詞を作る接尾辞］／イヤミッタラシー（とても嫌味がある）。キザッタラシー（とても気障である）。ナガッタラシー（とても長い）。ニクッタラシー（とても憎々しい）。ビンボッタラシー（非常に貧乏のようである）。ムゴッタラシー（大変むごい）。タラシーの前には促音が入る。

ダラスケ 大馬鹿。

ダララシー ［形］馬鹿らしい／ダラランシャ（馬鹿らしい）。

タルイ ［形］てきぱきしない。頭がきれない。のろい。カッタルイとも。

ダレンカ ［連］誰も皆。ダレモカモ、ダレモカーモ、ダレモカンモとも。／ホンナ コト ダレンカ シットルワイヤ（そんなこ

とは誰でも皆知っているよ）。ダレンカ イランガンカ（誰も皆、要らないのか）。

タンコビ　たんこぶ。瘤。

ダンダ　風呂。〈幼〉／ダンダ ハイロネ（お風呂に入ろうね）。ダンダ ツコタラ ハヨ ネンマッシ（お風呂に入ったら、早く寝なさいよ）。

タンチ　[代] 坊や。幼児。主に呼称として用いる。「タンチ」は口能登から中能登では男児、奥能登では女児を意味する。

ダンチ　大違い。落差の大きいこと。※「段違い」の下略語。[関連] ウミト ヤマ ホド チゴ（海と山ほど違う）、イッテ クルホド チゴ（行くのと来るの程違う）、ツキト スッポンヤ（月とすっぽんだ）。／オマント アレター ダンチヤナー モノスンサー アッライヤ（お前とあれとは大違いだなー、物凄く差があるぞ）。

タント　[副] たくさん。ヤッモド（「山ほど」の転）とも。／ゲッキュ タント モットルヤロ（月給をたくさんもらっているだろう）。タント ユキャ フリミシタニー（たくさん雪が降りましたねえ）〈老〉〈女〉。

ダンナイ　[形] 大丈夫だ。よろしいです。差し支えない。[受諾・断わるとき] ※「大事無い」の転。デチネー（三重）。ダイジョナイ（神戸）。／シッパイ シテモ ダンナイ ワイネ ヤッテ ミッラ（失敗しても大丈夫だよ、やってみるよ）〈男〉。ホンナ コト イーテ ダンナイガンカ（そのようなことを言って、大丈夫なのか）。

タンビ　度。時。ごと。折。／ノム タンビニ ワルヨイ シテカラニ（飲む度に悪酔いするのだから）。カゼ ヒクタンビニ ネコ

ム（風邪をひく度に寝込む）。

ダンブクツク　[五] 人間が、水中に落ちる。

タンブット　[副] たっぷりと。タンブリとも。

タンブリ　[副] たっぷり。タンブットとも。

チ

チー　小便。尿。チーチー、チーコ、チッコ、オチッコ、シーシー、シッコとも。まだ話せない小さな幼児を排尿させるのに抱きかかえて言う。シーシーよりもチーチーの方がもっと幼児語らしい。

チゴ　[五] 違う。ワ行五段活用の変則的活用。／アンタノ イー コト ホリャ チョッコ チゴトッリョイネ（貴方の言うことは、それは少し違っているよ）。

チビター ナル　[連] [五] 冷たくなる。さめる。チットーナル [五]、チッターナル [五] とも。

チビタイ　[形] 冷たい。チビテ、チッビタイ、チッビテ、チッタイ、チッテーとも。／アーラ チビタイ カッジャニー マダマダ ハッリャー サッキャ ワイネ（とても冷たい風ですね、まだまだ春は先だね）〈老〉。マダ チョッコリ カゼガ チビト ゴザンシティニー（まだ少しばかり風が冷とうございますね）〈老〉〈女〉〈丁〉。

チビット　[副] 少し。チョビット、チョビンコ、チビントとも。

チビル ［五］①尿を小量漏らす。②物がすり減る。①／ウノチノ バーバ チビッテ アルッキョニ ナッテ シモタ。クソテ ヨー ヨワッライネ（我が家の祖母は尿を漏らして歩くようになってしまった。臭くて、大変困るよ）。②／チビタ インピツデモ ダイジーニ ツコマッシ。ウッチャ ザイバツ デ ナイガイシネ（すり減った鉛筆でも大事に使いなさい。我が家は金持ちではないからね）。コノ ゲタ ダイブ チビテ キタナー（この下駄はだいぶすり減ってきたなー）。

チミチミ 子供に対して怖いお仕置きとしてつねること。〈幼〉／ホンナ コト シット チミチミヤゾ（そんなことすると、つねるぞ）。チミチミ シッロー（つねるぞー）。

チミル ［五］つねる。／チミッタラ イタイガイネ（つねったら痛いよ）。

チャ ［助］〜なんだよ。テとも。／モゴハン スンダガヤチャ（もう食事はすんだんだよ）。アノ カー シケン スベッタンヤチャ（あの子は試験に落第したんだよ）。ホイガヤチャ（そうなんだよ）。ソイガヤチャ（そうなんだよ）。ホンナンヤチャ（そうなんだよ）。シンナンコト ナイッチャ（しなければいけないことはないよ）。ビョーキ ナンヤチャ または ビョーキ ナガヤチャ（病気なんだよ）。ダチャカンテ ユーガヤテ または ダメヤテ ユーゲンテ（駄目だと言っているんだよ）。

チャチナ ［形動］安物の。下手な。安っぽい。／アノ ダイクサノ シゴター チャチデ ダチャカン（あの大工さんの仕事は下手で駄目だ）。チャチナ モン オクリモンニ コーナイヤー（安物を贈り物として買うなよ）。

チャット ［副］さっと。チャッチャト（さっさと）、チャッチャット（さっさっと）とも。／チャット ヤッテ シモエマン（さっとやってしまえよ）。チャッチャト シンカイヤ（さっさとしろよ）。

チャベ おしゃべりな人。ドチャベ（とてもひどいおしゃべり）とも。富山も同じ。滋賀ではオシャベ。女児に対しては普通オチャベサンと言う。

チャベチャベ ［副］おせっかいな。／ヒトンコト チャベチャベト カモナマンヤ（人のことにいらぬ口を出して構うなよ）。

チャラ 帳消し。／コンダー ワシャ タスケタンヤシ コナイダノ カッリャ コンデ チャラヤゾ（今度は俺が助けたのだから、この前の借りはこれで帳消しだぞ）。

チャラチャラ ［副］軽薄な様。／チャラチャラシタ フク（軽薄な服装）。チャラチャラト シトルナ（ふざけて浮ついているな）。

チャランポラン （お菓子）アイスキャンデー。〈古〉

チャランポランナ ［形動］いいかげんな。／チャランポランナ コト イーナマンヤ（いいかげんなことを言うなよ）。ホンナ チャランポランナ セーカツ シトッテ イーガンカ（そのようないいかげんな生活をしていても良いのか）。チャランポラント スゴス（いいかげんに過ごす）。チャランポランニ オクル（いいかげんな生活を送る）。ベンキョモ シントッテ チャランポランシトット シケンニ オッチッゾ（勉強もしないでいいかげんにしていると試験に落第するぞ）。

チャワ 慌て者。

チャワチャワ ［副］慌てている様。／

チャワチャワト シトッサカイ コロンガヤ（慌てているから転ぶんだ）。

チャント ［副］しっかりと。きちんと。はっきりと。間違いなく。イーガニとも。／ト チャント シメニャー（戸はきちんと閉めなければ）。ネドコ チャント ヒータカ（寝床は間違いなく敷いたか）。

チャンバ お転婆。じゃじゃ馬。はねっかえり娘。チャンバミロとも。

チャンペ 女陰。ダンビ、オチョマ、アンポ、アンペとも。チャンペ、ダンビは卑猥語。オチョマは〈古〉だが普通語であり、医師に対して「オチョマガ オカシー」などとも用いた。大根布ではダンビは男根。大根布ではアンポとも。日米安保条約成立の頃、大根布の子供たちは アンポ ハンタイ チンポ サンセー と囃し言葉を言っていた。『日本方言大辞典』には オチョマは金沢では「少女の性器」の意となっているが、内灘では成人女性のものも意味する。

チュー ［連］〜という。／ナンチュー コト スルガイネ（なんということをするんだ）。オンナチュー モンワナ（女というものはな）。

チョーズバチ 石をくり抜いた、手洗い鉢。〈古〉

チョーチャクノ メニ アワス ［連］ひどいめにあわせる。打ちたたく。なぐる。／ホンナコト シテミサレ チョーチャクノ メニ アワッソ（そのようなことをしてみろ、ひどいめにあわせるぞ）。

チョーツケル ［一］かたをつける。落着させる。けりをつける。／コノ シゴト チョーツケテカラ イップク シンマイカ（この仕事のけりをつけてから、一服しようか）。

チョーワイ 嫁の里帰り。※「朝拝」。金沢ではチョーハイ。

チョカ おっちょこちょい。チョカチョカ（こせこせすること）とも。

チョコチョコ ［副］①よく。時々。②せわしなく歩き回ること。①の意ではチョイチョイ、チョクチョクとも。①／コトッシャ ダイコンズシ チョコチョコ モッタワイネ（今年は大根寿司をよくもらったよ）。②／チョコチョコト アルキマワンナ マイヤ ジャマヤガイヤ（せわしなく歩き回るなよ、邪魔だよ）。

チョチョギレル ［一］涙が出そうになる。／アンマシ オカシテ ナンダ チョチョギレルワ（あまりにも面白すぎて涙が出そうになるよ）。ナサケノーテ ナンダ チョチョギレルワ（情けなくて涙が出そうになるよ）。

チョッキリ ［副］丁度。きっかり。

チョッコシ ［副］少し。ちょっと。チョッコリ、チョッコ、チョビット、チョビンコ、チョッビシ、チビットとも。金沢ではチョッコリ。［挨拶語］／ドコ イカレランケ（どこへ行かれるのですか）。チョッコシ ホコ マデ または チョット ニー（ちょっとそこまで）。

チョビット ［副］少し。チョビンコ、チョビット、チビントとも。

チョボチョボヤ ［形動］大差のない状態だ。同程度だ。／アレト オマンター マ チョボチョボヤナー（あいつとお前とは、まあ、大差がないなー）。

チョボント ［副］小さくじっと動かない

で。／ホッペタニ ゴハンツブ チョボント ツイトルゾ（頬に飯粒がぽつんとついているぞ）。アタマニ ハイボガ チョボント トマットッロ（頭に蝿がぽつんととまっているよ）。

チョロイ　［形］簡単な。易しい。／ホンナ コター チョロイ モンヤ スンニ デキルワイヤ（そんなことは簡単なことだ、直ぐにできるよ）。

チョン　猫の愛称。猫を呼ぶ時の愛称。2回続けて チョン チョン と呼んだりする。

チョンチョンニ ソダテル　［連］子供を、下にも置かぬようにして、大切にして育てる。

チョンチョンヤ　［形動］着物や洋服などの丈が短過ぎる。

チョンベマツ　長平松（写真）。チョンビマツとも。昭和47年～平成3年、内灘町指定文化財。町天然記念物。向粟崎1丁目吉野重計氏所有。腐蝕し倒れるおそれがあるので昭和63年4月根元付近より伐採。

『河北郡誌』に名木として紹介されてい

る。石川県の林業試験場の『老樹名木番付』に、県内随一の高木として「横綱長平松、高さ二百四十尺」と記されている。しかしその後台風で最上部が折れ、昭和63年の伐採時には樹高約30m、幹の周囲3.5m余りであった。口伝によれば弘化年間（1844～48）に長平という人物が植えたので、その名前があるといわれる。しかしながら、伐採時の年輪を地上6mのところの幹で数えると、230近くもあったことからすると、樹齢はもっと大きくなる。／チョンベマツニャ ヨー トンビヤラ カラッスヤ トンデキテワー ピーヒョロ ピーヒョロ カーカーカーカー ナイトッタ モンヤ（長平松にはよく鳶や烏が飛んで来て、ピーヒョロピーヒョロ、カーカーカーカーと鳴いていたものだ）。

チリ　①（頭の）つむじ。②塵。

チリン　仏教行事の案内にふれ歩くための柄付の小型の鐘。チリリンとも。〈仏〉

チロリングサ　こばん草。

チンゲ　陰毛。〈幼〉〈若〉

チンコ　陰茎。チンチン〈幼〉、チンポ、マラとも。〈幼〉

チンコイ　［形］小さい。チンチャイ、チンチェーとも。

チンタベ　小さい子供。チッタベとも。〈蔑〉まだ背丈の小さな子供に対する、軽蔑した言い方。

チンタラ　［副］ぐずぐず。ぶらぶら。判断を下さぬまま、敏速な行動をとらぬ様。[普通は チンタラ チンタラ と2回繰り返すが、いらいらして言葉を簡潔に言う時は チンタラ と1回だけ用いる]／チンタラ チ

ンタラ アルクナ（ぶらぶらと歩くな）。チン
タラ チンタラ スンナ （ぐずぐずするな）。

チンチクリン ［形動］①背丈が低い様。
②着物の丈が短い様。①〈蔑〉〈共〉／アコ
ノチノ ムコサ チンチクリンヤゾイヤ （あ
そこの家の婿さんは背が低いぞ）。②／ハ
ヤ ガクセーフク チンチクリンニ ナッテシ
モタカ （早くも学生服が短くなってしまっ
たか）。コドモノ キモンナ スンニ チンチ
クリンニ ナッテシモサカイニ ツンツント
アタラシ モン コワンナン （子供の着物は
直ぐに丈が短くなってしまうので、次々と
新しいものを買わなければならない）。

チンチン ［副］ぐらぐら。容器に入れた湯
が、沸きかえっている様。／ヤカンノ オユ
チンチンニ ワイトッゾー（やかんのお湯が
沸騰しているぞ）。※鉄瓶の湯が沸騰して音
をたてている様を表わした擬音語から。

チント ［副］じっと動かずに。※「沈」、
「鎮」、「きちんと」の「き」の脱落、「ちゃん
と」の変化など諸説がある。京都では「き
ちんと」の意味で「着物ちんと着る」など
と用いるが、内灘町向粟崎では「きちんと」
の意味では用いぬ。／チント シトロ （動
かないでいなさい）。チント シトンマッシ
（じっとしていなさいよ）。

チンビリナ ［形動］けちな。がめつい。
物惜しみする。／ホンナ チンビリナ コト
シテ ヒトサマニ ハズカシナイカイネ（そ
のようなけちなことをして、世間の人に恥
ずかしくないかね）。

ツ

ツイボ 杖。／オマント トコノ ババモ コッ
シャ マガッタナー。オイヤ イマダ ツイボ
ツクガニ イートランヤケドナ（お前の家の
祖母も腰が曲がったなー。その通りだ、今
となっては杖をつくように言っているのだ
けれどな）。

ツカル ［五］べったり入り浸る。／アコ
ノチノ カカ アサノ ハヨカラ ヨサリ オソ
ラト マデ パチンコヤニ ツカットルソーヤ
（あそこの家のかあさんは、朝はやくから
夜遅くまで、パチンコ屋に入り浸っている
そうだ）。

ツカンバナ 仏花の一種。〈仏〉※「つか
み花」。「タチバナ」に対してただ束ねただ
けの仏花。

ツキナミ 月忌参り。月経（つきぎょう）。
ガッキとも。〈仏〉毎月故人の亡くなった日
にお参りすること。

ツクシンボー つくし。土筆。

ツクリ 刺身。オツクリとも。／タチウオ
アタラシガン モッタサカイ ツクリニ シッ
カ （太刀魚の新しいのを頂いたからお刺身
にしようか）。

ツコ ［五］①使う。②雇う。①／キー ツコ
テモッテ （気を使ってもらって）［感謝］。
②／アノ ヒター デッカイ コト ヒト ツコ
トルガヤゾイネ （あの人はたくさんの人を
雇っているんだよ）。ツコワン、ツコタ、ツ
コ、ツコトキ、ツコタラ、ツコエと活用す

る。

ツッツァクル ［五］突いて刺す。

ットル ［連］〜と言っている。チュートルとも。〈若〉［乱暴な言い方］／モ ヤメルットルヤロ（もう止めると言っているだろ）。モ ヤメレットルヤロ（もうやめろと言っているだろ）。アリャー イカンットルワ（あの人は行かないと言っているよ）。

ツバキ 唾。唾液。キで下げて発音する。「椿」の場合は下げずに発音。

ツマツマト ［副］ゆっくりと事細かに。つまびらかに。詳細に。ツンマットとも。／ツマツマト ハナシ スル（ゆっくりと事細かに話をする）。

ツマド 窓。

ツラニクイ ［形］憎らしい。※「面憎い」。

ツンサイ 後妻。後添い。

ツンダッテ ［副］連れ立って。一緒に。／ヨー アンタラッチャ ツンダッテ アルイトルネ（あなた方はよく一緒に連れ立って歩いているね）。ヨーフク コーテ クッケド ツンダッテ コンカ（洋服を買って来るのだけど、一緒に来ないか）。

ツンツンタルキ つらら。冬季に軒下にさがる氷柱。※平安時代の「たるひ（垂氷）」に由来。屋根の「垂木」から下がるとの民衆語源による。金沢ではタルキ。奥能登（門前）ではボーダレ。琵琶湖周辺ではホダレ。敦賀ではホダレ、ボーダレ。山形ではボンダラ、山形県の一部ではタルキ。内灘町大根布ではシンシンダラキ、大根布の能登寄りの地区ではシンシンダリやシンシンダレとも。内灘町荒屋ではタルキ、室ではタルキ（大人）、タンタルキ（子供）。

南能登（羽咋）では室と同じくタンタルキ。〈老〉〈壮〉昭和30年代以降生まれのものは用いないでツララと言う。

ツンマット ［副］ゆったり詳細に。鷹揚に構えて。ツマツマト、ツンマリとも。ツンマリトの促音便。ツマの転化→ツンマ。ツンマ＋リ（状態を表わす接尾語）。

テ

テ ［助］①〜だよ。②〜だそうだ。③〜だそうだね。終助詞。①［断定］／ホンナ コト シラン ダラヤテ（そんなことをするのは馬鹿だよ）。②［見聞］／コドモ ウマレタンヤテ（子供が生まれたそうだよ）。③［確認の疑問］／コドモ ウマレタンヤテ？（子供が生まれたそうだね）。

デーブデーブ ヒャッカンデーブ デンシャニ ヒカレテ ペッチャンコ ［慣］「でーぶでーぶ、百貫でーぶ、電車に轢かれて、ぺっちゃんこ」子供たちが、肥満した相手を揶揄するはやしことば。

テイクス 〜てくれる。トーチャンナ コーテイクシタンカ（お父さんが買ってくれたのか）〈壮〉。

テオーラト ［副］全然〜でない。テントとも。／ホンナ チッコイ コエデ シャベッテモッタラ テオーラト キコエンワ（そのような小さな声で話してもらったら、全然聞こえないよ）。アツテ アツテ テオーラト ネレタ モンデ ナカッタワイネ（暑くて暑くて全然眠れなかったよ）。

テオイデル ［補］～ていらっしゃる。〈丁〉／シテ オイデル（していらっしゃる）。シテ オイデルガケ（していらっしゃるのですか）。

テキナイ ［形］つらい。疲れた。やる気が無くなった。※江戸初期から浄瑠璃に使用例がみられる。能登ではチキナイ。

デキモン できもの。腫物。おでき。

テシモ ［補］～してしまう。／タベテ シモ（食べてしまう）。イッテシモタ（行ってしまった）。

デッカイ ［形］大きい。

デッカイコト ［副］たくさん。ヤッモドとも。／ナスビ デッカイコト モッタワイネ（茄子をたくさんもらったよ）。

テッタイ 手伝い。／テッタイ シテマン（手伝いしてよ）。

テッタイド お手伝いさん。／テッタイド スンニ デッカイコト タノマンナン（手伝う人をすぐに大勢頼まなければいけない）。

テットー ［五］手伝う。［関連］テッタイ（手伝い）。テットワン、テッタタ、テットー、テットートキ、テットタラ、テッタエ（テットエ）と変化する。ワ行五段活用の変則的活用。

テッパンドウロ 鉄板道路。〈古〉第二次世界大戦の後、アメリカの進駐軍が内灘の砂丘地に敷いた、まるい穴がたくさんあいている鉄板を敷き詰めて作った簡易舗装道路。

テッペン 頂。

テテ 手。オテテとも。〈幼〉

テテ ［連］①～と言って。《終止形＋テ》／イクテテ イートッタ（行くと言っていた）。イカンテテ（行かないと）。アレホシ コレホシテテ ウルサヤ ウルサヤ（あれが欲しいこれが欲しいと言って、うるさい事ですよ）。②～というのは。《名詞＋テテ》／オトコテテ ホンナ モンヤワイネ（男というのはそのようなものだよ）。エンテテ フシギナ モンヤネ（縁というのは不思議なものだね）。［連］③～していて下さい。～しておいて下さい。トッテとも。～トッテよりも柔らかな感じがする。《連用形＋テテ》／アロテテ（洗っておいて）。カイテテ（書いていて：書いておいて）。キテテ（着ていて）。シテテ（していて：しておいて）。タベテテ（食べていて：食べておいて）。ノンデテ（飲んでいて）。ミテテ（見ていて）。ヨンデテ（よんでいて：よんでおいて）。

テテゴ 父親。テテオヤとも。〈老〉

デデッポッポ 雉鳩。きじばと。デデポッポ、ヤマバトとも。ハト科の野生の鳩。

テナラン ～てはならない。［強い禁止］／ハラタテテナランゾ（怒ってはいけないぞ）。シャベッテナランゾ（話してはいけないぞ）。イッテナラン（行ってはいけない）。

テノゴイ 手ぬぐい。

テボン お客などの相手に茶や菓子、祝い金などをだす際に、お盆を用いないこと。※「手盆」。／ホントニ テボンデ シツレーヤケド ドーゾ（本当にお盆なしで失礼だけど、どうぞ）。

テラッシ ［補］～てらっしゃい。～て来なさい。《連用形＋テラッシ》／キーツケテ イッテラッシネ（気をつけて、行ってらっしゃい）。チョット イッテ ミテラッシ

（ちょっと行って見て来なさいよ）。

テンコモリ　山盛り。大盛り。

テンジクババサ　地中の白い太めの蛆のような幼虫。コガネムシの幼虫だと思われる。内灘は砂地を利して薩摩芋を作る農家が多いが、その畑の薩摩芋をテンジクババサが食い荒らす。食い荒らされると、商品にならないので農家が困る。

デンシンバシラ　電柱。※「電信柱」。

テンテ　①〜しました、そしたらね。②〜したのだそうだ。シタンヤテとも。①［報告］最後のテを下げて言う。②［噂］一本調子に言う。［疑問］最後のテを揚げて言う。／デンワ シテンテ（電話したんだ、そしたらね。又は電話したんだそうだ、又は電話したんだそうだね）。アスンデ オッタンヤテ（遊んでいたんだ、そしたら。又は遊んでいたんだそうだ。又は遊んでいたんだそうだね）。

テンデンニ　［副］めいめいに。それぞれに。個々に。おのおの。テンデニとも。※「手に手に」の音訛。

テンデン バラバラ　各々異なること。

デンデンムシ　蝸牛。かたつむり。

テント　［副］全然〜でない。テオーラトとも。［否定の語を伴う］／ドコ イッタンカ テント ワカランワ（どこへいったのか全然わからないよ）。デンワ ナンベン カケテモ テント ツージン（電話をなんべんかけても全然通じない）。

テンパ　生まれつき波打って縮れている髪。〈若〉※「天然パーマ」の略語。

テンヤモン　飲食店からの出前料理。

ト

ド　［疑］どのように。ドーとも。／ド シタンヤ テー チー デトッゾイヤ（どうしたのだ、手から血が出ているぞ）。ドシトルゲーラ（どうしているのやら）。

ドーカシテ　［連］なんとかして。

ドーコイワシ　（魚名）うるめいわし。

トーニ　［副］とっくに。ずっと以前に。トーカラとも。

ドーラクモン　①怠け者。②遊び人。

トイヤ　［助］〜だそうだ。［聞き伝え］［ぞんざいな言い方］／デキントイヤ（できないそうだ）。

ドク　［五］退く。のく。／ドイテーマ または ドイテヨ（退いてよ）〈女〉。ドケマ（退けよ）〈男〉。ドコ 又は ドコー（退きなさい）。ドカン カイヤ（退けよ）〈男〉。ドカン カイネ（退いてよ）〈女〉。

ドクショナ　［形動］薄情。思いやりがない。ひどい。情けない。むごたらしい。※「毒性な」の転。

トコ　①〜しておけ。②〜しておこう。《連用形＋トコ》［親しい間柄や目下のものに対する命令・依願］［意志・願望］／シトコ（しておけ：しておこう）。タベトコ（食べておけ：食べておこう）。ネトコ（寝ておけ：寝ておこう）。ノンドコ（飲んでおけ：飲んでおこう）。ヨ ミトコ（よく見ておけ：よく見ておこう）。バ行、マ行の五段動詞の場合は「ドコ」となる。《未然形＋ン

トコ

+トコ》／マダ シントコ（まだするな：ま
だしないでおこう）。ノマントコ（飲むな：
飲まないでおこう）。ミントコ（見るな：見
ないでおこう）。カケントコ（かけるな：か
けないでおこう）。

トコ　［助］〜よ。《文章の終り＋トコ》／
オランガヤトコ（いないんだよ）。ヒッコシ
スルガンヤトコ（引っ越しするんだよ）。ウ
ンノ ムスカー ナーモ イー コト キカンガ
ヤトコ（家の息子は何も言うことを聞かな
いんだよ）。ウンノコ キャ ネツァ アッテ
ガッコ ヤスンダンヤトコ（うちの子は今日
は熱があって学校を休んだんだよ）。アカ
ンボ ネトランヤトコ（赤ちゃんが寝てい
るんだよ）。《トコト》〈老〉／イッテ キタ
ンヤトコト（行って来たんだよ）。《未然形
＋ン＋トコ》／ナーモ カンジントコ（何
も感じないんだよ）。ホンナン デキントコ
（そんなことは、できないよ）。カケントコ
（書けないんだよ）。コンナ モンナ チョッ
ト ミレントコ（このようなものはちょっ
と見られないんだよ）。モ ノメントコ（も
う飲めないんだよ）。イッツモ スンニ ハラ
ヘッタンデ ゴハンニ シテ ユーガヤトコ
（いつでもすぐに、お腹がすいたので御飯
にしてと言うんだよ）。

トコ　所。※「所」の転。《名詞＋ン＋ト
コ》／ワシントコ（私の所）。キンノントコ
コニ アツマレヤ（昨日の所に集まれよ）。
法事・結婚式などの行事の来客に向かって
／キャトイトコ キノドッキャニー アンヤ
トー（今日はご遠方なのにすみません、有
り難う）。イソガシトコ（お忙しいところ）。

ドコニ　［連］そんなことは全くない。／

アンタ イータンヤロイネ。ドコニ。あなた
が言ったんだろう？全然言ってない。

トコロガ　［助］〜なので。〜だから。〜
＋ヤ＋トコロガ の形で。［状況説明］／ヤ
スミヤ トコロガ（休みだものだから）。ア
メヤ トコロガ イクニ イカレン（雨なので
行くに行かれない）。マツリヤ トコロガ ニ
ンギャシテ（祭なので賑やかで）。

ドコンカ　［連］どこでも。ドッコンカ、ド
コモカモ、ドコモカーモ、ドコモカンモと
も。／コノ サブイガニ ドコンカ アケテ ア
ルイテ チャント シメトケマンヤ（この寒
いのにどこでも開けたままにしておいて、
しっかり閉めておけよ）。

ドサットル　［五］何もしないで横になっ
て寝そべっている。※擬態語ドサット＋シ
トル（している）。／イツマデ ドサットラ
ンヤ ヒーサン アガットランヤ（いつまで
何もしないで寝そべっているんだ、もう太
陽が高くのぼっているぞ）。

ドダイ　［副］①元々。元来。②実際。全
く。①／オマンニャ ドダイ ムッリャテ（お
前には元々無理だって）。②／ドダイ サキ
ノ コッチャガイネ（実際先のことではない
か）。

ドタマ　頭。頭部。頭の卑語。〈蔑〉／ド
タマ カチワッヅイヤ（頭をなぐって割って
しまうぞ）。

ドッカ　何処か。どこか。／ドッカ イッ
カイヤ（どこかへ行こうか）。

ドッコイドッコイ　力量や大きさ、美貌
などが五分五分な事。

トッショリ　年寄。

トッスベル　［五］①落第する。②激しい

勢いで滑って転ぶ。①／トーダイ ウケタラ イッペンデ トッスベルワイヤ（東京大学を受験したら、もののみごとに落第するよ）。②／ミチャ コットッシ トッスベランヨニキー ツケニャ（道が凍っているから激しく転んで倒れないように気をつけなさいよ）。

トッツァ　親父。トッツァマとも。〈般〉〈蔑〉

トッテ　［連］①〜ていて下さい。テテとも。《連用形＋トッテ》／アロトッテ（洗っていて：洗っておいて）。サキ イットッテ（お先に行っていて）。カイトッテ（書いていて：書いておいて）。キトッテ（着ていて：来ていて）。シトッテ（していて：しておいて）。タベトッテ（食べていて：食べておいて）。ノンドッテ（飲んでいて：飲んでおいて）。サキ ネトッテネ（先に寝ていて）。チャント ミトッテ（しっかり見ていて：しっかり見ておいて）。ホンナラ ワロナラ ワロトッテ（それなら笑うなら笑っていて）。②〜していて。《連用形＋トッテ》／アナイニ タベトッテ マダ タベランカ（あんなに食べていて、まだ食べるのか）。ワザワザ キトッテ ナンモ ウトワント カエランカ（わざわざ来ておいて、何も歌わないで帰るのか）。ノンドッテ（飲んでいて）。ヨンドッテ（よんでいて：よんでおいて）。アスンドッテ（遊んでいて）。サキニ ネトッテカラ ナン イートラン（先に寝てしまっていたのに何を言っているのか）。③〜のだから。《未然形＋ン＋トッテ》／ナーモ ワカラントッテ ナンモ イーナイヤ（お前は何もわからないのだから、何も言うな）。クスリモ ノマントッテ ナオル

ワキャ ナイヤロ（薬も飲まないのだから治るわけがないだろ）。

トットク　［五］保存・保管しておく。※「とっておく」の転。

トットシル　［連］大事にしまっておく。大切に保存しておく。〈幼〉／ヤッモド タベタラ ポンポン イタルナルヤロ アトワ トットシトコネ（たくさん食べたらおなかが痛くなるだろう、残りはしまっておこうね）。

トト　親父。トート、オトトとも。〈般〉内灘町向粟崎では先にアクセントを置き、後ろは下げるが、大根布ではその逆で後ろが上がる。

トトナン　［形］馬鹿らしい。愚にもつかない。※「整わん」の転／トトナン コトバッカ イートンナヤ（愚にもつかぬ事ばかり言っているなよ）。トトナンマシ ホンナ コト デキルカイネ（全く馬鹿らしい、そんなことができるか）。

ドナタモ オサキニ　［慣］どなた様もお先に失礼します。

ドバコ　ひつぎ。棺桶。

トバシリ　跳ね。衣服のすそに跳ね上がる泥や水。ドロシブキ、ミズシブキ、ハネとも。／アルイトッテ クルマニ トバシリ ヒッカケラレタワイネ（歩いていて車に跳ねをかけられたよ）。トバシリ カカル（跳ねがかかる）。トバシリ カケル（跳ねをかける）。

トボ　角型棒状にした餅。長さ約60cm、断面は約5cm×10cmの長方形。薄く切って干して、焼いたものがカキモチになる。

トボシコム　［五］急激な勢いで入る。／ナンヤ ホンナ イキ キラシテ トボシコン

デキテー　ナンカ　アッタンカ（何だ、そのように息をきらして飛び込んで来て、何事かあったのかい）。アッチー　フロニ　トボシ　コンダラ　ナンヤ　チョッコ　ヒリヒリ　スッラ（熱い風呂にいきなり飛び込んだら少し肌がヒリヒリするよ）。

ドボス　溝（みぞ）。下水。ドブス、エンゾとも。金沢ではドブス。

ドヤス　［五］①ひどく痛める。②怒鳴って叱る。

ドヤラコーヤラ　［副］どうやらこうやら。どうにかこうにか。辛うじて。やっと。なんとか。ヤットコサとも。

トル　［補］〜ている。《連用形＋トル》／アスンドル（遊んでいる）。アロトル（洗っている）。イットル（行っている）。オモトル（思っている）。カイトル（書いている：掻いている）。シトル（している）。タットル（立っている：建っている）。タベトル（食べている）。ナイトル（泣いている）。ネトル（寝ている）。ノゾイトル（覗いている）。ノンドル（飲んでいる）。ハイットル（入っている）。ハシットル（走っている）。ミトル（見ている）。ヨンドル（呼んでいる：読んでいる）。イットルは「言っている」の意味ではなくて「行っている」の意味。「言っている」の意味ではイートルと言う。「居る」の意味の「オル」の場合は、オットルとは言わずにイトルと言う。

ドレンカ　［連］どれも皆。ドレモカモ、ドレモカーモ、ドレモカンモとも。／ドレンカ　インナ　アッタラシゾイネ（どれも皆新しいですよ）。

トロ　〜ていろ。〜ていよう。［相手に対す

るぞんざいな命令］ではトッテ、テテとも。または［自分の意志］《連用形＋トロ》／シトロ（〜していなさい。〜していよう）。タットロ（立っていろ：立っていよう）。タベトロ（食べていろ：食べていよう）。ネトロ（寝ていろ：寝ていよう）。ノンドロ（飲んでいろ：飲んでいよう）。ミトロ（見ていろ：見ていよう）。ワロトロ（笑っていろ：笑っていよう）。

トロイ　［形］愚鈍な。のろまな。遅鈍な。まだるっこい。トロクサイとも。京都ではチョロイ、チョロクサイとも言う。擬態語のトロトロの下略語トロを形容詞化したもの。

ドン　ぽん菓子。米を鉄の容器に入れ、密封し、しばらく熱しながら回転させてから、容器の蓋を開けると、大きな音と共に米がはじけて飛び出す。その米にお湯で溶いた砂糖液などをかけて、冷ましてから食べるお菓子。

ドンダケ　［疑］どれ程。どれくらい。／ドンダケ　ノンデモ　シャント　シトル（どれほど飲んでもしっかりしている）。ドンダケ　イーテモ　ワカラン　ヤッチャナ（どれだけ言ってもわからない奴だな）。

ドンド　冬用の胴着。

ドントサイ　左義長。京都ではトンドサイ。正月用の飾りや書き初めなどを燃やす。内灘町向粟崎では1月15日に菅原神社の境内、その他の所にて行なわれる。

ドンナラン　［連］どうにもならない。どうしようもない。／ハヤハヤ　シンパイ　デ　シンパイデ　ドンナランワイネ（もうもう、心配で心配でどうしようもないです

ナキミガオ

よ）。ハヤ ジュケンナガニ アスンデ バッ
カ オッテ ドンナラン（もうすぐ受験だと
いうのに遊んでばかりいてどうしようもな
い）。ハヤ モー ドンナランガイテ ウチノ
カー ヤンチャデ ヤンチャデ マイッテシモ
ワイネ（もうもう、どうしようもないんだ
よ、うちの子は、やんちゃでやんちゃで、
困ってしまうよ）〈女〉。

トンボ　（魚名）とびうお。

ナ

ナ　[助]～は。《ンに終わる名詞＋ナ》の形
のみ。／オマンナ（お前は）。アノ カビンナ
タカカロ（あの花瓶は高価だろう）。ウン
ナ ワリー（運が悪い）。エンジンナ チョー
シャ ドー ヤイネ（エンジンは調子はどう
だい）。シケンナ ドー ヤッタ（試験はどう
だった）。アワテル モンナ モライガ スク
ナイガヤゾ（慌てるものは得るものが少な
いのだぞ）。コノ パンナ マイゾ（このパン
は美味しいぞ）。アノ カーチャンノ ツケモ
ンナ モノスン マイゾ（あの主婦の作る漬
物はものすごく美味しいぞ）。

ナ　[代]皆。みんな。全部。インナとも。
／ナ シテ イクマカイネ（皆で行きましょ
うよ）。

ナーン　[感]いいえ[返事]。ナモとも。
／セワンナッテ アンヤトネー。ナーン ホ
ンナ コト ナイワイネ（お世話になって有
り難う。いいえ、そんなことはないよ）。

ナーン　[副]全然～でない。ナモ、ナー

モとも。／ナーン オッモシ ナイワ（全然
面白くないよ）。

ナイカイネ　[連]～でないかね。～じゃ
ないか。／イーガン ナイカイネ（いいん
じゃないかね）。マダ オランガン ナイカイ
ネ（まだ居ないのじゃないかね）。ダララ
ン ナイカイネ（馬鹿なのじゃないかね）。
ゼンゼン ツレンガン ナイカイネ（全然釣
れないんじゃないか）。アッチビタ ヤッタ
ラ ヤッモド ツレルガン ナイカイネ（あち
らの方だったら、たくさん釣れるのではな
いかね）。ニューイン シトラン ナイカイネ
（入院しているのではないか）。

ナイガンナル　[連]無くなる。ナイガニ
ナルとも。

ナオカデ　[副]なおさら。／イマ シナン
ダサナ アトカラ ナオカデ ヒドイメニ ア
ワンナランゾイヤ（今しなかったら、後で、
なおもっとつらい目にあわなければならな
いのだぞ）。

ナカイ　（旅館・料理屋などの）女中。※
「仲居」。／オンセンノ ナカイサンニ チッ
プ ヤッタンカ（温泉の女中さんに心付けを
あげたのか）。

ナガイコッテ　[慣]お久しぶりです。※
「長いことで」。／アリー ナガイコッテ ゲ
ンキ カイネー（あれえ、お久しぶりです
ね、元気ですかね）。

ナガシマイ　流し。台所。※「流し前」の
転。

ナキミガオ　泣き出しそうな顔。[関連]
ナキミゴエ。／ドシタン ホンナ ナキミガ
オ シテ（どうしたの、そのような泣き出し
そうな顔をして）。

ナキミゴエ 泣き出しそうな声の調子。／オマンナ チッコイ コラー ヨー ナキミゴエデワ アレ コーテクレ コレ コーテクレテ アマエテ イートッタガイヤ（お前は小さな頃はよく泣き出しそうな声になって、あれを買ってくれ、これを買ってくれと、甘えて言っていたぞ）。

ナキミソ 泣き虫。ナキメソとも。ナキミソとナキメソ の混在がみられるが、ナキミソの方を多用。

ナグッツケル ［一］なぐりつける。強く段る。

ナゴナル ［五］身体を伸ばして横になる。寝そべる。※「長くなる」。／アー ツカレタ チョッコシ ナゴナラシテ（ああ疲れた、少し身体を横にさせて）。ホンナ トコ ナゴナットッタラ ジャマヤガイネ（そんな所に寝そべっていたら邪魔じゃないか）。

ナサッキャ ［連］①申し訳ない。有り難い。／アリー ナサッキャ ホンナコト シテモッテカラニ（あれ、申し訳ありません、そのようなことをしてもらって）。②情けない。恥ずかしい。

ナシテ ［疑］なぜ。どうして。／ナシテ ホンナ コト シルガンヤ（どうしてそのようなことをするんだ）。

ナス ［五］借りていた金品を返す。

ナスビ 茄子。なす（野菜）。／コノ ナスビノ ヤドヅケ ウッツシ イロニ アガットルネ（この茄子の糠味噌漬けはきれいな色になっている）。ソーメント ナスビノ タイタンワ スッキャナー（素麺と茄子を煮たものは好きだなあ）。

ナゼナゼ やさしく撫でること。〈幼〉／ココ イタイガンカ ナゼナゼ シテアゲッリョ。ナゼナゼ ナゼナゼ イタイ イタイトンデケー。ホリャ トンデッタ（ここが痛いのか。そっと撫でてあげるよ。なでなで。なでなで。痛いの飛んで行け。ほら飛んで行った）。

ナゼル ［一］撫でる。

ナマクラモン 怠け者。ドーラクモンとも。

ナマンサ 生臭料理。ナマンサ リョーリとも。魚肉・獣肉の類。※「なまぐさ」の転化。

ナメクジリ なめくじ。

ナモ ［感］①違う。②いいえ［返事］。※「何も（〜でない）」。①ナーモ、ナンモとも。／ナモイネ ホンナガンデ ナイガヤ（違いますよ、そんなのではないのだ）。ナモヤゾ（違うのだぞ）。②ナーモ、ナーン、ナモイネ〈女〉、ナモヤチャ、ナムとも。／アノ コワ モ ヨメニ イッテシモタヤロイネ。ナモヤゾ チゴガンヤ マダ イカンガヤ トイネ（あの娘はもうお嫁に行ってしまったのだろうね。いいえ、違うんだよ、まだ行かないのだそうだよ）。

ナモカモ ［副］なにもかも。全て。ナンモカンモ、ナンモカモ、ナーモカモとも。

ナヤッチャ ［連］〜な奴だ。〈蔑〉《名詞＋ナヤッチャ》／ゴタムキナヤッチャ（何にでも文句を言う奴だ）。ダラナヤッチャ（馬鹿な奴だ）。ナキムシナヤッチャ（泣き虫な奴だ）。チャベナ ヤッチャ（おしゃべりな奴だ）。

ナンカ ①何か。②なにか食べる物。※「何か」の転化。①／ナンカ アッタンカ ホンナ

アオイ カオ シテ（何かあったのか、そのような青ざめた顔をして）。②［子供が学校から帰宅して、おやつをねだる時に用いたりする］／タダイマー ナンカ ナイガンカ ナンカ ホシー（ただいま、何か食べるものがないの、何か食べるものが欲しいよ）。

ナンサ　河北潟の縁。※「渚」。波打ち際の意の「渚」が語源だが、日本海側の海岸地帯を意味することはない。海岸地帯のことは「海の端」の意でウンバタと言う。

ナンシニ　［疑］何故。どうして。何の為に。ナンヤテとも。※「何をしに」。／ナンシニ ホンナ コト スルガンヤ（どうして、そのようなことをするのだ）。

ナンゾ　［助］〜など。ナンザ、ナンカとも。［軽くみる、見下した言い方］／オマンナンザ デキン ヤロイヤ（お前などには、できないだろ）。ワレナンゾニ コレ ワカッカイヤ（お前などにこれがわかるか）。［一人称につければ謙遜］／ワシナンゾマデ ヨンデモッテ キノドクナニー（俺などまで呼んで頂いて有り難う）。［否定の語と共に強意を表わす］〜ナンゾよりも〜ナンザ（ナンゾワの転）の方が語調が強い。

ナンゾゲニ　［副］何気なく。これといった意図なしに。無計画に。粗略に。

ナンダ　［助動］〜なかった。《未然形＋ナンダ（過去）》／イカナンダ（行かなかった）。コナンダ（来なかった）。シナンダ（しなかった）。タベナンダ（食べなかった）。ハシラナンダ（走らなかった）。ヨバナンダ（呼ばなかった）。ヨマナンダ（読まなかった）。

ナントンナイ　［形］何ともない。大丈夫。ナントモナイ、ナンチューコトモナイ、ナンチューコトナイ、ナットンナイとも。大根布ではナットモナイ。

ナンナ　仏様。南無阿弥陀佛。ナンナサン、ノンノ、ノンノサンとも。〈幼〉〈仏〉ナンナサンは夜空の「月」のことも意味する。京都ではノノサン。

ナンバ　唐辛子。

ナンボ　［疑］いくら。幾ら。どんなに。／ナンボデモ ホンナ コト シトラント ハヨ シンカイネ（いくらでもそんなことをしていないで、早くしなさいよ）。ホレ ナンボ シタ（それは値段がいくらしたか）。

ナンボデモ クサルホド アル　［慣］いくらでも非常にたくさんある。

ナンボナンデモ　［連］いくらなんでも。／ナンボナンデモ ホンナコト アッカイヤ（いくらなんでも、そのようなことがあるか）。

ナンマンダ　南無阿弥陀仏。お念仏。／ナンマンダーナンマンダ、ナンマンダーナンマンダ、アーアッ、モッタイナイ、ナンマンダーナンマンダ、ナンマンダーナンマンダ（南無阿弥陀仏南無阿弥陀仏、南無阿弥陀仏南無阿弥陀仏、ああ、もったいない、南無阿弥陀仏南無阿弥陀仏）〈老〉。特に仏前ではなくても、そのように口ずさむ老人が多い。

ナンモ　①［代］何も。②［感］いいえ。ナーモとも。金沢ではナーム。①／ワシャ ナーンモ イートランゾ（俺は何も言ってないぞ）。クッチャ ニガテ ナンモ アジャ センワ（口が苦くて何も味がしないよ）。②［返事］／モー デキタカ。ナンモ。（もうで

きたか？いいえ）。

ナンモナイケド ［連］何もないけれど。
［謙遜の言葉・たくさんの御馳走があって
もそのように言う］／ナンモナイケド ユッ
クット タベテッテ（何もないけれど、ゆっ
くりと食べて行って下さい）。

ナンヤカンヤ ［連］何やかや。あれこれ
と。／ナンヤカンヤ アレコレ イッソガシ
テ ホレ デキナンダンヤ（あれこれと大変
忙しくて、それをできなかったんだ）。

ナンヤテ ［疑］何故。どうして。ナンシ
ニとも。／ナンヤテ ホンナ コト イーガイ
ネ（何故そのようなことを言うのだ）。ナ
ンヤテ ガッコ ヤスンダガヤ（どうして学
校を休んだのだ）。ナンヤテ アワテトライ
ネ（何故慌てているのか）。コンナ マイモ
ン ナンヤテ タベンガヤ（このような美味
しいものを何故食べないのか）。

ナンヤテー ［感］何だって。［驚き］／
ナンヤテー イッペン タタッツケテヤッカ
（なに、一度たたいてひどい目にあわせて
やろうか）。

ニ

ニ ［助］ね。／イー テンキヤニ（良い天
気だね）。

ニカ 籾殻。もみがら。

ニカゴ むかご。零余子。山芋の蔓になる
種。

ニガム ［五］つかむ。しっかり握る。／
ニガンダラ モ ハナサン（つかんだら、も

う離さない）。

ニグサイ ［形］食べ物などが、少し腐っ
たような臭いがする。［関連］ニグサナル
（食べ物が腐った臭いがする）。

ニジル ［五］こすりつける。なすりつけ
る。ニジッツケルとも。京都ではニジクル。
／ハナクソ キモンニ ニジッタラ ダチャカ
ンガイネ。チャント ハナカミデ フクマッ
シヤ（鼻糞を着物にこすりつけては駄目だ
よ。きちんと鼻紙でふきなさいよ）。

ニッギャシ ［形］賑やかな。ニンガシ、
ニンギャシとも。／キャ ヤスミナモンデ
ニッギャシ コッチャワイネ（今日は休みだ
から賑やかなことですよ）。

ニツク ［五］似合う。

ニッシン （魚名）ニシン。鰊。

ニッチョガッコ 内灘町向粟崎蓮徳寺の
日曜学校。

ニマル ［五］座る。ネマルとも。

ニモコトカイタ ［連］〜にも程がある。
／ホーカイニ ユーニモコトカイタ ホンナ
コト イータカイネ（そうですか、言うにも
程があるよね、そんなことを言ったかい）。
スルニモコトカイタ（するにも程がある）。

ニャ ［助］〜しなければ。／ハヨラト イ
カニャ（早く行かなければいけない）。ネッ
チュー シニャ ダチャカン（熱中しなけれ
ば駄目だ）。

ニャーニャ 若い女性。奥さん。オニャ
ニャとも。〈老〉〈古〉

ニャンコ 猫。［関連］ニャンコノコ（仔
猫）、アカネコ（茶毛の猫）、サンキ（三毛
猫）、ドラネコ（野良猫）、ヌストネコ（食べ
物を盗んで行く猫）。〈幼〉／アーガリメー

サーガリメー グルット マワッテ ニャンコ
ノメー（この歌詞を歌いながら、両方の目
尻を指先で押さえ、上げ下げしてからぐ
るっと回し、最後に真ん中へ寄せて面白い
顔をして見せて、年少の相手を楽しませ
る）。

ニワカ 即興芸をする神輿。※「俄」。〈古〉
内灘町向粟崎地区で、秋祭りに獅子舞いや
神輿などと共に出て、にわか芸を演じるや
ら、暴れて神輿の進行を妨害などする。

ニンガシ ［形動］賑やかな。ニンギャシ
とも。［関連］ニンガシク［副］（賑やかに）。

ニンニ 赤子。幼児。ネンネとも。〈老〉／
アノ ハナ タラシタ コ ドコノ ニンニヤイ
ネ（あの鼻をたらした子供は、どこの家の
子だね）。

ヌ

ヌカス ［五］除く。除外する。／ワタシ ヌ
カシタラ ホカ ミンナ オトコ ナンヤゾ（私
を除くと、他は皆男性なんですよ）〈若〉
〈壮〉〈女〉。

ヌストコキ 泥棒。盗癖のある人。［関連］

ヌストコク ［五］盗む。

ネコジレル ［一］眠りたいのに眠れなく
なる。

ネ

ネジラカレイ （魚名）くろうしのした。
鰈の一種。シタビラメ、ゾーリ、ワラジと
も。［関連］セネラ。

ネチッコイ ［形］しつこい。くどい。執
拗な。ねばねばしている。［関連］ネチネ
チト［副］。／ネチネチト シツッコイ ヒト
ヤネ。イーカゲン アキラメタラ ドーヤイ
ネ（いつまでもしつこい人だね。いいかげ
んに諦めたらどうだね）。アッラ イジカッ
シャ ネチッコイ ハナッシャ キライヤ（あ
あ、うるさいな、しつこい話は嫌いだ）。

ネッカ 長葱。ナガネギ（野菜）。ネブカ
とも。※「根深」。

ネッコ 根。太い根も毛細根も共にそう言
う。

ネトボケル ［一］寝惚ける。ねぼける。

ネブ 内灘町大根布のこと。※大根布の地
名はアイヌ語のオオネップ（熊の手）に由
来するという説があるがこれは誤り。中山
又次郎は『内灘郷土史』で、アイヌ語でオッ
トセイをネブと言い、オットセイの親分に
当たるものをオンと言う、と記している。ま
た北海道花咲岬にはオンネヲネオブ・オン
ネブという村があるとも記している。しか
し、巻末にあげる数種のアイヌ語辞典に
よれば、オットセイをあらわすアイヌ語はネ
ブではなく、またアイヌ語のオンには「腐
る」や「発酵する」の意味以外には見当た
らない。アイヌ語辞典によれば、オットセ

イはアイヌ語でウネウ（tuneup あるいは unew）またはオンネプ（onnep）という。

ネブタイ ［形］眠い。ネッタイ、ネッテーとも。／ネッター ナッタ（眠くなった）。大根布では ネット ナッタ とも。アー ネブタイ（ああ眠い）。ネッタ ナイカ（眠たくないか）。ネッタソーナ カオ（眠たそうな顔）。ネッタソーヤ ネ（眠たそうだね）。

ネマル ［五］座る。ニマル ［五］とも。

ネンネバ 寝間着。ニンニバ〈老〉とも。

ノ

ノーナル ［五］①亡くなる。死亡する。②無くなる。※「なくなる」の転化。アンヒター ニネン マイ ノーナラシタワイヤ（あの人は２年前に亡くなられたよ）〈老〉。

ノッミャ 飲み屋。呑み屋。居酒屋。

ノドグロ （魚名）あかむつ。

ノドチンコ 懸壅垂（けんようすい）。喉彦（のどびこ）。［関連］ノドチンポとも。口を開けると喉の奥に上から下がっている細長いもの。

ノンビット ［副］のんびりと。［関連］ノンビリマ（のんびりした人）。／オンセンデモ イッテ ノンビット シテクッカイネ（温泉でも行ってのんびりとして来ようか）。アリャ ノンビリマヤシ マダ コンガイニ（彼は呑気な者だからまだ来ないよ）。

ノンベンダラリン ［副］必要以上に何も成果のないまま長い時間がかかる様。／ハヤ コーコノ ジュケンヤニ ホンナ ノン ベンダラリン シトッテモ イーガンカイネ（早くも高校の受験なのに、そのようにのんびりだらだらと無駄に時間を過ごしていても良いのかね）。

ハ

バ ［代］わたし。俺。＜大根布地域＞バラとも。

バーコ 服。着物。〈幼〉／ウッツシ バーコヤネ（綺麗な着物だね）。ハヨ バーコ キンマッシ（早く着物を着なさいよ）。

バーマ 婆々。祖母。ババサ、バサ、バーサ、バ、ババ、バーバ、オバー、オババとも。［関連］ジーマ（爺々）。／ウンノ バーマ（うちの婆々）。ババサ、バサ、バーサ、バマ、バーマ、バ、ババ、バーバ、オバー、オババの順序で丁寧さが増す。ババサは蔑称。

ハイット 入口。入ってすぐの所。

ハイハイ 這うこと。〈幼〉

ハイボボ 蝿。はえ。ハイチョボとも。［関連］コバイ（しょうじょう蝿）。

ハカイク ［五］捗る。はかどる。物事が順調に進行する。／カゼ ヒータラ ネトラン イチバンヤゾイネ。クスリ ノンデモ ウゴイトッタラ ナーモ ナオラン。ネトラン マダ ハカイッカモ シレンワ（風邪をひいたら寝ているのが一番良いですよ。薬を飲んでも動いていたら、まったく治りませんよ。寝ている方がまだ治りが早いかもしれないよ）。

バギ 薪。まき。タキモンとも。

ハギシ ［形］①歯がゆい②口惜しい。ハガシ、ハゲシとも。①［思うようにならない］②［激しい嫉妬など］。金沢ではハガイシー。

ハクシャ くしゃみ。

パゲ 禿。はげ頭。

ハシアワンサキ 金沢市粟崎町のこと。アッチアワンサキとも。

ハシカイ ［形］①賢い。利口な。②喉の内部がかゆい。③すばしこい。ハシコイ〈老〉とも。※古語「ハシカ（芒）」の形容詞化である「はしかし」の口語化。喉以外がかゆい時は セナカガ カヤイ などと言う。ただし、脱穀時のそれが原因のかゆみはハシカイと言う。

ハシクズ （魚名）小型の魚で10cm程度のサヨリ。金沢市粟崎町でもハシクズ。

ハシズメ 橋のたもと。ハシノツメとも。※「橋詰め」。内灘町向粟崎には「橋爪」という姓もある。／ハタグバシノ ハシズメニ ボートヤガ アル（機具橋の橋のたもとに、貸しボート屋がある）。

ハスカイ 斜め。スジカイとも。／ハシラ ハスカイニ ナットル（柱が斜めになっている）。傾斜角度は スジカイ よりも ハスカイ の方がゆるやか。

ハスワナ ［形動］①言動が軽はずみで下品なこと。②大切にしないで使うこと。※「蓮っ葉」。①ハスワナ オンナヤナー（下品な女だなあ）。②／オイ ホンナニ ハスワニ カネ ツコテ コンゲツノ コズカイ ナイガン ナッサ（おい、そんなに大事にしないでお金を使って、今月の小遣いが無くなるぞ）。

ハタバ 機織り工場。

ハチコル ［五］はびこる。勢力を増す。

ハチメ （魚名）はつめ。

バッカ ［助］〜ばかり。バッカリ、バカシ、バッカシとも。※副助詞「ばかり」の強意表現。／オマンバッカ タベトッテ イーガンカ。チョッコ イモトニモ ワケテヤンマッシヤ（お前ばかり食べていても良いのか。少しは妹にも分けてやりなさいよ）。

バッカイ シッカイ ナラン ［連］どうしようもない。手におえぬ。どうにもならぬ。バッカイナランとも。バッカイナランの強意。

バッカイナ ［形動］困った。／バッカイナ コッチャ ウンノカー アスンデバッカオライネ（困ったことですよ、うちの子供は遊んでばかりいるんだよ）。

バッカイナラン ［連］どうしようもない。バッカイ シッカイ ナランとも。

バッカシ ［助］〜ばかり。バッカとも。／ワシバッカシ シトランヤ。コンダ オマンヤッタラ ドーヤイ（俺ばかりしているぞ。今度は、お前がしたらどうだ）。ウソ バッカシ（嘘ばかり）。

ハッシャグ ［五］木材が乾燥して隙間などができる。京都ではハシャグ。

バッチー ［形］汚い。ババッチー〈幼〉とも。／ホンナ モン サワッタラ バッチーゾ（そんなものに触ったら汚いぞ）。アラー ババッチー オテテニ コナイニ スナ ツケテー。チャント キレイ キレイ ショーネ（あらあ汚いね、お手手にこんなに砂をつけて。きちんと綺麗にしようね）。内灘町は

砂丘地帯なので、子供の遊びは泥ではなくスナイジリ（砂遊び）が普通。

バッチャ ［感］ざまあみろ。［関連］バチャタル［五］（罰があたる）。※「罰や」の転。／フツカヨイデ アタマ イタイガヤテカ。バッチャワ アンマシ アスンデ ノンデ アルイトルサカイヤ（二日酔いで頭が痛いのだって。それ見たことか、あまりにも遊び飲み歩いているからだ）。

ハツメーナ ［形動］利口な。頭の良い。コーシャナ［形動］とも。※「発明な」。／ハツメーナ コニ ナッリョニ ハチメ タベマカイネ（お利口な子供になるように、魚のはつめを食べようよ）。

ハツル ［五］少し切り落とす。上前をはねる。京都ではヘツル。

ハツンマ 肩車。ハツウマ、ハッツンマとも。内灘町室ではナンマチという。

ハデコキ 派手好みの人。

ハナシ クイ ［慣］すぐに人の話に割り込んで来る人。※「話喰い」。／アレワ ハナシクイヤシ アレノ マエデ ナンモ ハナシデキンワイヤ（彼はすぐに人の話の割り込んで来る奴だから、彼の前では何も話ができないよ）。

ハナビチャ 鼻の低いこと。鼻の低い人。［関連］ビチャバナ（低い鼻）。

ババガニ （魚名）泥蟹。川蟹の一種。

ハバカリ 便所。トイレ。〈老〉。／チョッコシ ハバカリサンエ（ちょっとトイレに）［人前で用足しに立つ時］。

ハバカリサン ［連］見当違いですよ。的外れですよ。思い違いですよ。／タシカ アノヒト ニューイン シタガデ ナカッタ

カイネ。ザンネンデシタ ハバカリサン アリャー マダ ピンピン シトルワイネ（確かあの人は入院したのではなかったですか。残念でした、思い違いですよ、彼はまだピンピンしていますよ）。京都ではハバカリサンは「ご苦労さん、有り難う」の意。

ハバシー ［形］働き者の。身体をよく動かす。京都では「羽振の良い。利口で顔のきく。」の意味。／ハバシー ヒトデ チョッコリモ チント シトラント イツンカモ トンデ アルイトルワイネ（働き者で少しもじっとしていないで、いつでも飛び歩いているよ）。

ハベン 蒲鉾の板付でないもの。

ハマンタカ 海寄りの区域。［関連］ナンサ。内灘町向粟崎の居住区域から海へ行くには、砂丘の高台を越えなければならないので、海寄りの区域を「浜の高」と言った発音が変化したもの。／ハマンタカノ ハヤシニャ ノラインノ アカイングァ ウヨウヨ オッタモンヤ（海岸寄りの林には野良犬の赤犬がうようよいたものだ）。

ハヤ ［感］ああ。もう。／アー ハヤ ヒドイ メニ オータ（ああひどい目にあった）。ハヤ ハヤ ヒドイ コッチャワイネ（ああひどいことだよ）。ハヤ ハヤ タイヘンナンヤ（もう大変なんだよ）。ハヤ ヒドイ コッチャワイネ（もうひどいことだよ）。イソガシテテ イソガシテテ ハヤ ハヤ（忙しいことといったら、忙しいことといったら、もう、もう）。

ハヤカラ ［副］もう早くも。／ハヤカラ イクガンカ？（もう早くも行くのか）。ハヤカラ スンダガン？（もう早くも済んだの

か）。

ハヤツキン　マッチ。※「早つけ木」。

ハヨ　［副］早く。速く。ハヨラトとも。／ハヨ　コンカイネ（早くおいでよ）。ハヨラト　アルクマッシマン（速く歩いて下さいよ）。

ハヨカラ　［副］早い時間から。早くに。／アサ　ハヨカラ　ツンニ　イッタ（朝早い時間から釣りに行った）。

ハヨラト　［副］早く。速く。ハヨとも。

バラシタ　［感］しまった。［失敗］大根布ではバライタ。

バラス　［五］①失敗する。しくじる。②ばらばらに分解する。壊す。

ハラドケー　空腹の程度で時間がわかること。／ワシノ　ハラドケーヤト　ソロソロ　ヒンマヤナ（俺の腹の空き具合だとそろそろ昼だな）。

バラナ　［形動］大変だ。ダイバラナ（ものすごく大変な）とも。※「散（ばら）ける」の転化。

ハラワタ　ニークリカエル　［連］激しく立腹して、あるいは悔しくて内臓が煮えたぎる程である。

バラン　葉蘭。※「はらん」の転。ユリ科の多年生常緑植物。／オシズシニ　ツコサカイ　バランノ　ハッパ　トッテ　クルワ（押し鮨に使うから葉蘭の葉を取って来るよ）。

ハリゴ　（魚名）いとよの仲間。

バリッキャアル　［連］すごく元気だ。すごく力持ちな。※「馬力がある」。

バリバリノ　［形動］れっきとした。ちゃんとした。いっぱしの。／アノ　ヒターマダ　バリバリノ　ゲンエキヤ（あの人はまだれっきとした現役だ）。

ハリボテ　張子。

ハンカ　［助］〜しか。／タッタ　イッコ　ハンカ　クレンガンカ（たった1個しかくれないのか）。チョッコハンカ　ノコットラン（少ししか残っていない）。チョッコハンカ　ノンドランワイヤ（少ししか飲んでいないぞ）。佐渡・大分ではハッカ、滋賀・和歌山・宮崎ではホカ、岡山ではハキャー。

ハンカクセー　［形］①的はずれな。②馬鹿らしい。

ハンゴムク　［五］ことばで反抗する。反発する。ハゴタイ　シル［連］とも。

バンソー　役僧。寺の住職を助けて、月忌参りや色々な寺務をする僧侶のこと。

バンタル　夜警。夜まわり。※「番太郎」の転化。

ハンチャボナ　［形動］中途半端な。いいかげんな。京都ではハンチャラケ。

ヒ

ヒガクレ　日暮れ。ヒノクレとも。／ヒガクレマデ　ドコ　イッテ　アスンドッタンヤ（暗くなるまでどこへ行って遊んでいたんだ）。

ヒキ　［接頭］激しく。ヒッ、ヒンとも。［動詞の前に付き「激しく」の意を付加］ヒキ〜。／ヒキサク（激しく裂く）。ヒキハガス（急激に剥がす）。ヒキマクル（急激にまくる）。ヒキムシル（激しくむしる）。ヒキヤブル（激しく破る）。ヒッ〜／ヒッカキマワス（激しくかき回す）。ヒッカク（激しく

掻く）。ミズ ヒッカケル（水を急激にかける）。ヒッカツグ（勢いよく担ぐ）。ヒッカブル（さっと被る）。ヒッククル（激しくくくる）。ヒックジル（激しくくじる）。ヒックラツク（急激に食らいつく）。ヒッサゲル（勢いよく提げる）。ヒッタグル（もぎ取るようにして奪う）。ヒッタタク（激しくたたく）。ヒッタテル（無理矢理立てる）。ヒッツカマエル（さっと捕まえる）。ヒッツカム（急激につかむ）。ヒッツマム（急激につまむ）。ヒッパガス（急激に剥がす）。ヒッパタク（激しくたたく）。ヒッペガス（急激に剥がす）。「ヒッ」は有声子音に始まる動詞に付く場合は「ヒキ」となる。ヒン～となる場合もある。／ヒンマガル（激しく曲がる）。ヒンマゲル（激しく曲げる）。

ヒグ ［五］皮をはぐ。／ハンゴガレーワ カワ ヒーデ タベット マイ（ハンゴガレイは皮をはいで食べるとうまい）。

ヒザナカ 日中。真昼間。明るいうち。ヒンナカとも。※「日最中」。

ヒザノサラ 膝頭。ヒザコゾとも。※「膝の皿」。

ヒッカラ 午後。ヒンマカラとも。※「昼から」。／ヒッカラ イッガイケドー（昼から行くのだが）。

ヒッキ 赤手蟹。福井県境の吉崎ではヒケシガニと言う。蓮如上人の吉崎御坊が火事のとき、その蟹たちも応援にかけつけて、泡を吹いて消火を手伝った。その際にハサミや顔の部分が赤くなったという伝説がある。

ヒックリカエル ［五］非常に驚く。／シャバテテ コンナ モンヤワイネ。ヒック

リカエッコトバッカヤワイネ（この世というのはこのようなものですよ。驚くことばかりですよ）。

ヒツコイ ［形］しつこい。

ヒッツイ かまど。キッチン。台所。ヒッツイサンとも。大阪ではヘッツイサン。

ヒッツク ［五］①くっつく。②連れ立つ。①／アリャー アツクラッシャ ホンナニ ヒッツカントイテヤ（あれー暑苦しい、そんなにくっつかないでよ）。②／ナカノ イーコッチャネ イッツモ ヒッツイテ アルイテワー（仲の良いことですね、いつでも連れ立って歩いて）。

ヒドイ ［形］①つらい。②むごい。①／カラダガ ヒドイコッチャ（体がつらいことだ）。②／ヒト ダマシテ ヒドイ ヒトヤ（人を騙してむごい人だ）。

ヒニチ マイニチ ［連］毎日いつでも。〈古〉

ヒニッカシ ［形］①ませた。年齢のわりに大人っぽい。②地味な。老けてみえる。ヒネクラシ、ヒニクラシとも。

ヒノタマ ひとだま。人魂。※「火の玉」。／オマン ヒノタマ ミタコト アッカイヤ（お前、人魂を見たことがあるか）。

ビビ 性交。交尾。べべとも。

ヒビリ ひび。[関連]ヒビリイク［五］（ひびが入る）、ヒビリノ イッタ［連］（ひびが入った）。〈老〉／マイカタノ コンクリ ヒビリ イットッゾ（玄関の前のコンクリートにひびが入っているよ）。ヒビリノ イッタ ユノミ（ひびの入った湯呑み茶碗）。

ビビル ［五］たじろぐ。

ヒボ 紐。ひも。※「も」が「ぼ」に転音。

ヒヤカス ［五］①水に漬けておく。冷やす。②からかう。

ヒヨコ 鶏の雛。鶏以外の鳥の子はヒナと言う。／ヒヨコ デカナッタラ オス ヤッタ（鶏の雛が大きくなったら雄だった）。スズメノ ヒナ。カラスノ ヒナ。

ヒョコント ［副］ひょっこりと。突然に。不意に。／ヒョコント カオ ダス（ひょっこりと訪問する）。

ヒョツント ［副］突然に。不意に。ヒョコント、ヒョッコリとも。

ヒョツンヒョツント ［副］時々。ぽつりぽつりと。

ヒラベッタイ ［形］①厚さが薄い。②平たい。ヘラベッタイとも。ヘラベッタイよりも多く用いる。／ヒラベッタイ ステーキヤナ ヤスモンヤロ（薄いステーキだな、安物だろ）。

ヒンガイシ ［形］ねたましい。

ヒンガイシガル ［五］ねたむ。

ヒンガラメ 斜視。斜眼。

ヒンギ 薄板製の漁師用弁当箱。※「へぎ」。

ヒンソナ ［形動］貧相な。みすぼらしい。

ヒンマ 昼。ヒザナカとも。［関連］ヒンネ（昼寝）。※「昼間」の転。

ヒンマイ 午前。※「昼前」

ヒンマカラ 午後。ヒッカラとも。※「昼間から」

フ

フキタチ 茎立ち。食用の菜の一種。主におひたしや煮物にする。

フクンメ 福梅。正月の祝い用の菓子。赤や白色の梅型の最中のかわの中にあんを入れたもの。

フデイレ 筆箱。フデバコとも。大根布ではフデバコの方を多用、またヒキジリとも。

ブト ぶよ。蚋。

フトギ 蒲団。布団。古くは、着物形で袖付きの蒲団のことを言った。［関連］コタツブトン（炬燵のやぐらの上にかける正方形の布団）、ザブトギ（座布団）、ハダブトン（夏用の薄くて軽い布団）。〈古〉〈老〉／アツテモ フトギ ハネドケテ ネトッタラ カゼ ヒッキョ（暑いからといって蒲団をはねのけて寝ていると、風邪をひくよ）。

フトル ［五］①大きく生長する。②肥満する。デカナルとも。①／コノキャ ハヨ フトランカナー（この木が早く大きくならないかなあ）。

フム ［五］踏む。足の下に押さえつける。他の動詞と合成される場合、「フミ」とはならずに「フン」となることが多い→／フンコタエル（踏みこたえる）。フンコム（踏み込む）。フンシメル（踏みしめる）。フンタオス（踏み倒す）。フンツケル（踏みつける）など。ただし「n」に始まる動詞と合成されると「フン」とはならない→／フミ

ニジル（踏みにじる）。

ブラク 村。町の区域。※「部落」。／ワシントコノ ブラク（私の村）。オマントコノ ブラク（お前の村）。トナンノ ブラク（隣の村）。ブラク タイコー リレー（各村対抗リレー）。

ブリ （魚名）ぶり。鰤。出世魚であり、大きくなるにしたがってモジャコ→コゾクラ→フクラギ→ガンド→ブリと呼び名が変化する。ガンドは３kg程度まで。

フルカネカイ 〈古〉値打ちのある金属類、鉄やアカガネ（銅）などを買い集める業者。

フルシー ［形］古い。［関連］チューブル（中古品）。

フンジュ 不憫で可哀相なこと。困ったこと。※「不自由な」の転。〈老〉／カカニ シナレテ フンジュ シトル ワイネ（妻に死なれていろいろと困っているよ）。

ヘ

ヘーコキムシ ①黒色の細長い体で、触ると尻から白い煙り状のものを出す甲虫。②よくおならをする者。

ヘーロクナ ［形動］滑稽な。面白い。愉快な。ヒーロクナ［形動］とも。／オッモッシ コトバッカ イーテ ヘーロクナ アンチャン ヤネ（面白いことばかり言って愉快な若者だね）。コノ ヘーロクモン（あなたは面白いことを言う人だね）。

ペケ ①×印。ばつ印。ばってん。②駄目なこと。「ばつ」よりも「ペケ」と言う。①／ガッコデ ペケバッカ モッテ クンマイゾ（学校でばつ印ばかりもらって来るのではないぞ）。②／ホンナ コター ペケッ（そんなことは駄目だ）［子供にむかって言う］。

ヘシナイ ［形］遅い（スピード・動作）。ヒシナイとも。

ヘソ （魚名）えそ。蒲鉾の原料にする魚。

ベタアシ 扁平足。へんぺいそく。

ベタユキ 水っぽい雪。

ヘチャムクレ 醜女。ヘチャ、オヘチャとも。

ペッタルイ ［形］平たい。ペッタルッコイ［形］とも。

ベッチャ ［慣］別だ。※「別や」の転。／ホリャー ベッチャ（それは別問題だ）。

ベベ 晴れ着。よそ行き用の着物。オベベとも。〈幼〉

ベヤサ 女中。住み込みのお手伝いさん。〈老〉

ベンジョガミ 落とし紙。トイレットペーパー。※「便所紙」。

ヘンチクリンナ ［形動］妙な。変な。へんてこ。へんてこりん。ミョーチクリンナとも。／ワッシャ イノチモ ナゴナイワ。ヘンチクリンナ コト イワントイテ ヤヤワ。（俺は、命がもう長くないわ。妙なことを言わないで、嫌だよ）。

ホ

ホ ［副］そう。そのように。ホーとも。

ボー ［五］追う。後に続く。／ボーテクル（後について来る。追って来る）。

ホーケ ［感］そうか。ソーケ、ホーキとも。

ホースット ［接］そうすると。そうすれば。ホシタラ、ソースットとも。「ホースット」よりも「ホシタラ」の方が丁寧な柔らかな感じが強い。／ホースットヤナ（そうするとだな）。ホシタラネ（そうすればね）。

ホータァルク ［連］［五］あたりを這い回る。ホーテ アルクとも。／ソコラジューホータァルイタラ ダチャカンガイネ。ホリャ ミンマッシマ オテテャー マックロニナッタガイネ（あたりを這って回ると駄目だよ。それ見なさい、手が真っ黒になったじゃないか）。

ホーチャ 包丁。／サバボーチャ（出刃包丁）。

ボーフ （植物名）はまぼうふう。浜防風。セリ科。多年草。海浜の砂地に自生。高さは約30cm。根は深い。若芽は香りがあり刺身のつまに、根は薬用に用いられる。昭和30年代頃までは、内灘の浜辺にたくさん自生していたが、町の開発や四輪駆動車やモーターバイクなどの海浜への乗り入れなどと共に、次第にその姿を消しつつある。戦後しばらく、砺波市在住の瀬尾氏は内灘海岸で採取したボーフの芽を、友人の棟方志功に送っていた。その礼状（写真）の中で、杉並区在住の棟方志功は「大好物の浜菜ボウ」と呼んでいる。

礼状文面：［大好物の浜菜ボウをたくさんお恵送くださいましてありがたう存じました。その後、如何仕業進でせうか。増々にもよいお仕業であられることと存じます。城端の石黒連舟師兄にもおからだわるくして北陸荘に入院してゐるとかの話を聞えてゐますが、如何。わたくしも目を一寸、わるくして、仕事を適宜にしてゐますが、ゆっくりゆっくり仕事を、いそしんでゆくつもりでゐます。］

ホーラ 河豚の頭の糠漬。ホラとも。

ホイ ［感］はい。そう。その通り。［返事］〈老〉／ホイ（はい）。ホーイトイク（はーいと言って行く）。ホイガヤ または ソイガヤ（そうだ）。

ホカス ［五］捨てる。放っておく。ホル、ホッツケル、ホッカスとも。／ジシンデツブレタ ウチノ ヤネノ ドロ インナ ホカサンナン（地震で倒壊した家の屋根の泥を全部捨てなければならない）。

ポカント ［副］ぼんやりと。

ホゲス 禿げ頭

ホジクル ［五］穴に物を挿入して、中のものを掻き出す。ホジル［五］、カッポジル［五］とも。／ミミノ アナ ホジクッテ ミミクソトル（耳の穴を掻き出して、耳の垢を

とる）。ミミクソ ホジクル（耳の垢を掻き出す）。ハナクソ ヒトサシユビデ ホジクットッタラ ハナノアナー デカー ナッゾイネ（鼻糞を人差し指で掻き出していたら、鼻の穴が大きくなるよ）。

ホシタラ ［接］そうしたら。そうすると。ホースットとも。

ホシテ ［接］そして。

ホジル ［五］穴を掘る。カッポジル［五］、ホジクル［五］とも。／サツマイモ ホジル（薩摩芋を掘り出す）。ミミノアカ ホジッテ ホシー（耳の垢をとって欲しい）。

ホズク ［五］ほどく。内灘町室地域にて用いる。／ムスンデナイモンナ ホズカレンヤロ（結んでないものは、ほどけないだろ）。

ホソグリ 細紐。細帯。着物を着る時に用いる細い腰紐。

ボチボチ ［副］①ぽつぽつ。②そろそろ。①［状態］／トリハダ タッテ ボチボチヤ（鳥膚がたって皮膚がぽつぽつの状態や）。②［時間］／ボチボチ イッカイヤ（そろそろ行こうか）。

ボッカケル ［一］追いかける。／コノカー ヨー オヤノ アト ボッカケテ アルイトッタモンヤ（この子はよく、親の後を追いかけて歩いていたものだ）。

ボッコリ 温暖で穏やかなこと。／ボッコリシタ イー テンキヤネ ハルガ チカイガンヤワイネ（温暖で穏やかな良い天気だね。春が近いんだよ）。金沢ではホッコリセンは「感心しない」の意。

ボッタクル ［五］暴利をむさぼる。

ホッチャラカス ［五］うっちゃる。構わないで放っておく。ホラカス［五］、ホッタ

ラカス［五］とも。ホラカスよりも強意。

ホドコリ 懐中。ホドクリとも。［関連］ホドコル［五］。／ホドコリニ カクス（懐中に隠す）。チョット マッテクダンシ イマ ホドクリカラ サイフ ダッサカイニ（ちょっと待って下さい、今懐中から財布を出すから）〈老〉。チャガシ ヒトツヤケド ホドコッテッテ（お茶菓子を一つだけど懐中に入れて行って下さい）。京都ではホトコロ。

ホドコリポッポ 懐中。ふところ。〈幼〉〈古〉。京都ではポッポ。

ホベタ 頬。［関連］ホッカブリ（手拭いの頬かぶり）。

ホヤ ［感］そうだ。［返事］／ホヤ トコト（そうなんだよ）〈老〉〈壮〉。ホヤ サカイ（そうだから）。

ホヤカテ ［接］だって。しかし。だからといって。ホヤカッテ、ホヤカッテニとも。ホヤカテ、ホヤカッテ、ホヤカッテニの順序で逆説の意味が増す。

ホヤケド ［接］しかし。ソヤケドとも。

ボヤット ［副］ぽんやりと。①物の形がはっきりしない／ボヤットシカ ミエン（ぼんやりとしか見えない）。ボヤットシカ オボエトラン（ぼんやりとしか覚えていない）。②意識が一点に集中しない／ボヤット モノオモイニ フケットル（ぼんやりと物思いにふけっている）。アサカラ バンマデ ボヤット シトル（一日中ぼんやりとしている）。③なすべき事をしない／ボヤット ツッタットランデナイワイヤ（ぼんやりと立っているのではないぞ）。ボヤット シトラレン（ぼんやりとしていられない）。ヒトガ ユキ スカシトラン テッタイモ シン

ト ボヤット ミトルナマイヤ（人が除雪を
しているのを手伝いもしないでぼんやりと
見ているなよ）。

ホラカス ［五］捨てる。うっちゃる。放っ
ておく。ホッチャラカス［五］とも。

ホリャ それは。ホッリャとも。／ホリャ
キキステナランコッチャナー（それは聞き
捨てならないことだなー）。ナンヤ ホリャ
ギョッギャ ワリー（何だそれは、行儀が悪
いぞ）。

ホリャホート ［接］ところで。それはそ
うと。

ホル ［五］放る。捨てる。投げる。ホッ
ツケル［一］とも。／ホンナ クサッタ モン
ハヨ ホッテシモエヤ（そのような粗末なも
のは、早く捨ててしまえよ）。シゴト ホッ
ツケテ ドコ ノンニ イットライネ（仕事を
放って、どこへ飲みに行っているんだ）。

ホレニ ［接］それに。おまけに。／ワシヤ
ロ オマンヤロ ホレニ アレガ イク ガンヤ
（私だろ、君だろ、それに彼が行くのだよ）。

ボロカイ 古着、ぼろ切れ、古新聞などの
廃品を買い集めに、定期的に回って来る業
者。〈古〉

ボロノ チョンノト ［副］［連］ぼろく
そに。ひどく悪くののしるさま。／ボロノ
チョンノト ケナサレタワイネ。サンザンナ
メニ オータワ（ぼろくそにけなされたよ。
さんざんな目にあったよ）。

ホンコサン 報恩講。〈仏〉浄土真宗の仏
教行事。親鸞（しんらん 1173-1262）の命
日11月28日を縁にしたお参りで、寺院でも
各家庭においてもなされる。

ホンジャシニ ［接］そうだから。

ホンデ ［接］それで。それから。ホイデ、
ソンデとも。／ホンデ ドシタンヤ（それで
どうしたのだ）。

ホンデモ ［接］それでも。ホデモ、ソン
デモ、ソデモとも。

ホンナ そんな。／ホンナ コト イータラ
ユッキャ フルワ（そんなことを言ったら
天も驚いて雪が降るよ）［冬季には用いぬ］
〈老〉〈壮〉。

ホンナラ ［接］それでは。ソンナラとも。
／ホンナラ ダッミャゾイヤ（そういうこと
なら駄目だよ）〈男〉。ホンナラ キー ツケ
テ カエルマッシヤ（それでは気をつけて、
帰りなさいよ）［客が帰る時の主人側の挨
拶］。ホンナラ（それでは）だけでも別れの
時に用いる。

ホンナリ そのまま。／アトマタジモ シ
ント ホンナリ カエッテッテシモタ（後片
付けもしないで、そのまま帰って行ってし
まった）。

ボンノクビ えり首。※「盆の窪」の転。
京都ではボンノクソ。

ボンボ おんぶ。背負うこと。〈幼〉／ニ
ンニ ボンボ シル（赤ん坊を背負う）。

ボンボラ 太い竹筒。タケボンボラとも。
鰻漁に用いるための、節をくり抜いた太い
竹の筒。昭和30年代までは、子供たちもボ
ンボラを河北潟に仕掛けて、鰻を捕った。

ポンポン ①腹〈幼〉。②満腹の状態。※
「おなかをたたいた時の音」。①／アンマシ
タベスギット ポンポン イタナッリョ（あ
まり食べ過ぎると、おなかが痛くなるよ）。
②／アー デッカイコト タベター ポンポン
ヤ（ああたくさん食べたなあ、満腹だ）。

81

ホンヤカテ ［連］だって～だから。ホン
ヤカッテ、ホーカッテ、ホヤカッテとも。
／ホンヤカテ ヒマ ナカッタ モンノ（だっ
て暇がなかったのだから）。

マ

マイ ［形］うまい。美味しい。上手。／
マイカ（美味しいか）［目下の者・子供に
対して］。マイカイネ（美味しいですか）。

マイカ ［助］～ましょう。カ、マカ、マカ
イヤとも。《終止形＋マイカ》／イッショニ
チャワン アロマイカ（一緒に茶碗を洗いま
しょう）。ソロソロ カエルマイカ（＝カエ
ンマカ）（そろそろ帰りましょうか）。マタ
クルマイカ（＝クンマカ）（また来ましょ
うか）。ビール ノムマイカ（＝ノンマカ）
（ビールを飲みましょう）。ゴハン タベル
マイカ（御飯を食べましょうか）。キャ ハ
ヨラト ネルマイカ（＝ネンマカ）（今日は
早く寝ましょうよ）。ニモツ ハコブマイカ
（荷物を運びましょう）。テレビ ミルマイカ
（＝ミンマカ）（テレビを見ましょう）。ゴ
ミ モヤスマイカ（ゴミを燃やしましょう）。
アンナトコ イカントクマイカ（あのような
所へは行かないでおきましょうよ）。コン
デ アスンガン ヤメルマイカ（これで遊ぶ
のはやめようよ）。いくつかの動詞には《未
然形＋マイカ》がある／イッテ コマイカ
（行って来ましょう）。イレマイカ。キマイ
カ。シメマイカ。タベマイカ。ツケマイカ。
デマイカ。ナゲマイカ。ナデマイカ。ネマ

イカ。ミマイカ。ミセマイカ。ミテ コマイ
カ（見て来ましょうよ）。ヤメマイカ。終
止形には付くが、未然形にはつかぬ動詞／
イカントク。カエル。ノム。ハコブ。モヤ
ス。ヤク。等多数ある。

マイカケ 前掛け。エプロン。

マイガニ ［副］うまく。上手に。マイコ
ト［副］とも。／キャ マイガニ ハレタニー
（今日はうまく晴れましたねー）。

マイコト ［副］うまく。上手に。／オサ
ト イッタラ チャント マイコト アイサツ
シルガヤゾ（実家へ行ったらしっかり挨拶
をするのですよ）。

マイコト 良い目。／オマンバッカ イッ
ツモ マイコトニ オートルナー（お前ばか
りいつでも良い目にあっているなあ）。

マイドサン ［慣］こんにちは。［挨拶語］
※「毎度さん」。「いつも有り難う」の意を
含む。

マイドサン アンヤト ［連］こんにちは。
マイドサンとも。［挨拶語］「マイドサン」
だけよりも丁寧。「いつも有り難うござい
ます」の意を含む。

マイネ ［助］～よ。／チョッコ タノンマ
イネ（ちょっと頼むよ）［軽い依頼］。

マイモン うまいもの。お菓子。御馳走。
／ナンカ マイモン アッカイネ（何か美味
いものありますか）。

マインニ イク ［連］お参りに行く。マイ
ンニクとも。／キャ アノ ヒトノ ヨトギニ
マインニカンナン（今日はあの人のお通夜
にお参りに行かなければいけない）。

マエカタ （建物などの）前。※「前方」。
／マエカタ コージデ トーセンボ ヤ（家の

前は工事中で通行止めだ）。

マカ ［助］〜ましょう。カ、マイカ、マカイヤとも。《終止形＋マカ》アロマカ（洗いましょう）。イカントクマカ（行かないでおきましょう）。イキルマカ（生きましょう）。イクマカ（行きましょう）。イレルマカ。カエルマカ。キルマカ。シメルマカ。タベルマカ。ツケルマカ。デルマカ。ナゲルマカ。ナデルマカ。ネルマカ。ノムマカ。ハコブマカ。ミセルマカ。ミルマカ。モツマカ。モヤスマカ。ヤクマカ。ヤメルマカ。終止形が「ル」「ム」で終わる場合は「ン」、「ク」で終わる場合は「ッ」となることが多い。／カエン（ル）マカ。ツマン（ム）マカ。イッ（ク）マカ。タッ（ク）マカ。《未然形＋マカ》の形もある動詞／イレマカ。キマカ。シメマカ。タベマカ。ツケマカ。デマカ。ナゲマカ。ナデマカ。ネマカ。ミマカ。ミセマカ。ヤメマカ。などがある。

マガイモン 偽物。

マカゼ 北西の風。［関連］タバカゼ。漁師ことば。特に夏季に吹く北西の風をそう呼ぶ。

マガット 道の曲がり角。カーブ。［関連］アガット（上がった所）、ハイット（入った所）。※「曲がった所」。

マキリ 小刀。※アイヌ語。『日本方言大辞典』によれば、このマキリという言葉は、下北、北海道函館、小樽、青森県、岩手県九戸郡、下閉伊群、秋田県山本郡、南秋田郡、山形県西田川郡、石川県羽咋郡でも使われるとある。

マクル ［五］①めくる。②畑の野菜を全部収穫してしまう。①※「巻く」。／ホンノ ページ マクル（本の頁をめくる）。フトギ マクル（蒲団をめくる）。②／サツマイモ ハヤ マクッテ シモタワイネ（薩摩芋をもう全部掘りあげてしまったよ）。

マサル ［助動］①マサル（〜なさる。〜れる）。〈尊〉※「ましゃる」。《終止形＋マサル》／カクマサル（お書きになる）。キクマサル（お聞きになる）。《連用形＋マサル》／カイマサル（お買いになる）。カキマサル（お書きになる）。キキマサル（お聞きになる）。クレマサル（くださる）。コーマサル（お買いになる）。シマサル（なさる）。タベマサル（お食べになる）。ネマサル（寝られる）。ヨンマサル（お呼びになる：お読みになる）。②マサランカ（〜しませんか）。マサンカ、マセンケとも。〈尊〉〈老〉〈壮〉マサランカ、マサンカ、マサンケの順で尊敬の意が強い。《終止形＋マサランカ》／オチャデモ イッパイ ノンデクマサランカ（お茶でも一杯飲んで行かれませんか）。《連用形＋マサランカ》／コノ オカシメズラシガンヤシ チョッコシ タベテ ミマサランカ（このお菓子は珍しいものですから少し召し上がってみませんか）。アスンニ キマサランカ（遊びにおいでになりませんか）。③マサンカ（〜しませんか）。マセンケ、マサランカとも。／シマサンカ（しませんか）。タベマサンカ（食べませんか）。ノンマサンカ（飲みませんか）。スワンマサンカ（座りませんか）。アンタモ イッショニ キマサンカ（あなたも一緒に来ませんか）。④マサンナ（〜しては駄目ですよ）。［やさしく禁止する］／ナンモ イーマサンナ（何も言ってはだめですよ）。アンタワ イクマ

サンナ（あなたは行ってはだめですよ）。キマサンナ（来てはだめですよ）または（着てはだめですよ）。マダ シマサンナ（まだ、してはいけないよ）。シルマサンナ（してはだめですよ）。シンマサンナ（してはだめですよ）。タベ マサンナ（食べてはいけないですよ）。アンマ ノンマサンナ（あまり飲んではいけませんよ）。アッチ ミマサンナ（あちらを見てはだめですよ）。⑤マシタラ（〜なさいましたら）。《終止形＋ました》／イクマシタラ（行かれましたら）。カエルマシタラ または カエンマシタラ（帰られましたら）。⑥マッシ（〜して下さい。〜なさい。）。マッシャイ〈老〉、サッシャイ〈老〉とも。《連用形＋マッシ》／シマッシ（して下さい。しなさい）。スワンマッシ（座って下さい。座りなさい）タベマッシ（食べて下さい）。ノンマッシ（飲んで下さい。飲みなさい）。ホリャ ミマッシマン ホンナ コトニ ナッテシモタガイネ（それ見なさい、言わないことじゃない、そんなことになってしまったじゃないか）。《終止形＋マッシ》／スワルマッシ。スルマッシ。タベルマッシ。ノムマッシ。ミルマッシ。トコワ ジブンデ トルマッシ ヤ（寝床は自分でとりなさいよ）。⑦マッシャル〈老〉（〜なさいます）。マサル、サッシャル〈老〉とも。《連用形＋マッシャル》／オキャクサン キマッシャル ガンデ ナンヤ コー キゼワシーガイネ（お客さまがおいでになるので、なんだかこのように気忙しいんだよ）。《終止形＋マッシャル》／カキモチ コーマッシャルガケ（かき餅はお買いになるのですか）。オヤマデモ イクマッシャルガンケ（金沢へも行かれるのですか）。

マシマシト ［副］あまりにも大人じみて。マセマセト［副］とも。マセマセトよりも多く用いる。／マシマシト ハヤカラ ホンナ エッチナ ホン ヨンデ（大人みたいに早くから、そのような助平な本を読んではいけないよ）。

マゼル ［一］①仲間に加え入れる。②かき混ぜる。マジル［一］とも。①／アタシ モ マゼテー（私も仲間に入れて）。アノ コ モ マゼタゲッカー（あの子も仲間に入れてあげようか）。ヤーワイヤ オマンミタイナ モンナ マゼタランワー（嫌だよ、お前みたいな者は、仲間に入れてやらないよ）。

マソイ ［形］①見事な。②うまい目に合う。③太った。でぶの。④おおげさな。マーソイとも。①／マーソイ ノミップリヤナー（みごとな飲みっぷりだなあ）。②／ソーモ ソモ ホンナ マーソイ ハナッシャ コロガットランワイヤ（そうもうまい話はころがってはいないものだ）。③／マーソイ カカヤナ（丸々と太った奥さんだなあ）。④／マーソイ ハナシヤナ（おおげさな話だな）。金沢ではウマソイも。

マソナ ［形動］見事だ。マーソナとも。［関連］マーソニ、マソニ（見事に）。／マーソニ サブイヒニ ナッタニ（とても寒い日になったね）。マーソニ ノムネ（見事にたくさん飲みますね）。

マタジ 始末。かたづけ。整理。整頓。アトマタジ、アトノマタジとも。／マタジャー ヨスギテ ドコ ヤッタカ ワカラン（整理整頓が良すぎて、どこへしまったのかわからない）。

マッサラ 正真正銘の新品。

マット ［副］もっと。〈老〉

マツボックリ 松毬。まつかさ。

マドー ［五］弁償する。※「償う」。／ガッコノ ガラス ワッタシ マドワンナン（学校の窓ガラスを割ったので、弁償しなければいけない）。

マネシ 真似する人。

ママ 御飯。食事。〈般〉／ママ クタカ（御飯食べたか）。ママツブ（御飯粒）。

マラコケ ［連］放っておけ。そんなこと知るものか。マラジャ、マラジャワイ、マラクラエとも。※男根の意の隠語「魔羅」。がさつな言葉。／ジン カセテカー マラコケ（お金を貸せと言うのか、そんなこと知るものか）。

マワシ ショーコ 回し焼香。〈仏〉仏事で僧侶の読経中に、お香と香炉を盆などに乗せて、参詣の人々に回し、参詣の人々はそれぞれ自分の席に座ったまま順に焼香をする事。

マン ［感］まあ。〈老〉／ソリャ マン イーコト シタガイネ（それは、まあ、良いことをしたね）。

マン ［助］〜くれよ。マンヤとも。［目下・親しい間柄に対しての命令の意を強める］《命令形＋マン》／チョッコ マテマン（ちょっと待ってくれ）。ハヨラト セマン または シマン（早くしろよ）。カシマン（貸せよ）。《連用形＋テ＋マン》〈女〉／カシテマン（貸してよ）。マッテテマン（待っていてよ）。チョット ミテマン（ちょっと見てよ）。ヤメテマン（止めてよ）。［女性言葉の場合は少々甘えた気持ち・やさしさが付加される］

マンデ ［副］①まるで。ちょうど。あたかも。②まったく〜でない。③本当に。実際に。①／マンデ イキ シトルガンミタイヤネ（ちょうど呼吸をしているみたいだね）。マンデ コドモヤナー ミルモン モッテニ ホシガッテワー（まるで子供みたいだなあ、見るものは何でも欲しがって）。②／ナンノ コッチャ ワシャ マンデ ワカランワ（何の事であるか、俺は全くわからないよ）。オマンノ イーコト マンデ チゴ ワイヤ（お前の言うことは全く違うよ）。③／マンデ ワタシ フトッタワイネ。フトッコタ スッギャケド ヤセットキャ アマイ コト ナイワ。ニキロモ ヤセットキャ タイヘンヤ（本当に私は肥えましたよ。肥える時はすぐだけど、やせる時は甘くないよ。2キロもやせる時はもう大変です）。マンデ モッノスン デッカイガンヤゾー（本当にとても大きいんだよ）。

マンヤ ［助］〜しろよ。マ、マンとも。〈男〉［目下・親しい間柄に対しての命令の意を強める］［マンよりも柔らかい感じ］。《命令形＋マンヤ》／アルケマンヤ。イエマンヤ。イケマンヤ。ウタエマンヤ。ウトエマンヤ。オドレマンヤ。カブレマンヤ。カメマンヤ。カテマンヤ。クエマンヤ。ケセマンヤ。コイマンヤ。コエマンヤ。コーテ コイマンヤ。スエマンヤ。スワレマンヤ。ダセマンヤ。タタケマンヤ。タテマンヤ。ヌゲマンヤ。ノメマンヤ。ハイレマンヤ。ハケマンヤ。ハシレマンヤ。ハラエマンヤ。ヤレマンヤ。ヨメマンヤ。《連用形＋マンヤ》／イレマンヤ。キーマンヤ。タベ

マンヤ。ツケマンヤ。デーマンヤ。

ミ

ミーデラ がんもどき。ヒロズとも。［料理］ヒロズ の語源はポルトガル語のfilhos。京都ではヒリョースと言い飛龍頭と書かれる。銀杏が龍の眼を、蓮根が肋骨を、人参が内蔵を、ごぼうが髭を、表面の真中の胡麻が頭毛を表現している。

ミシカイ ［形］短い。ミシケー［形］とも。

ミス ［助動］ます。〈丁〉〈老〉《連用形＋ミス》／スンニ イキミス（すぐに行きます）。ヒッカラナラ オリミス（午後ならおります）。マタ キミス（また来ます）。シミス（します）。ゴッツォ タベトリミス（御馳走を食べています）。ミトリミス（見ております）。アメン ナリミシタネ（雨になりましたね）。サブ ナンミシタニー（寒くなりましたね）。

ミゾオチ 鳩尾。みずおち。

ミゾレ 蜂蜜または砂糖水をかけたかき氷。※溶けかかったみぞれの状態に似ていることから。

ミッコ 半煮え。メッコとも。御飯が完全には炊けていない状態。ミッコもメッコも同じ位の頻度で使用される。

ミットンナイ ［形］みっともない。不様な。醜い。恥ずかしい。メットンナイとも。

ミト 湧水。

ミトニスル ［サ変］馬鹿にする。軽蔑する。メトニスルとも。

ミノウリ まくわうり。真桑瓜。※岐阜県（美濃の国）真桑村の名産であったことにその名称が由来する。

ミミル ［五］泣き出しそうな顔になる。

ミョーチクリンナ ［形動］妙な。ヘンチクリンナ［形動］とも。

ミンドナ ［形動］困った。困惑した。／ミンドナ ヒトヤニ（困った人ですねー）。ミンドナ コッチャワイネ。ツンノ ニッチョニ ヨーガ フタツモ カサナッテシモタ（困ったことだよ。次の日曜日には用事が二つも重なってしまった）。アリー ミンドナ ミッチャ ワカランガ ナッタワー（あれー困った、道がわからなくなったよ）。シラン トチデ クラスンワ イロンナ ミンドナ コト アルワイネ（見知らぬ土地で暮らすのは、色々な困ったことがあるものだよ）。

ム

ムクネ 布団をかけずにする、うたた寝。

ムサイ ［形］変な。妙な。ムッサイとも。

ムジョード 火葬場。※「無常堂」。

ムタムタナ ［形動］混乱した。めちゃくちゃな。モタモタナ［形動］とも。／ヘヤンナカ ムタムタニ シトッケド マ ハイッテ（部屋の中を煩雑にしているけど、まあ入って）。ウチンナカ ムタムタニ シトッケド チョッコ アガッテ タイネ（家の中を散らかしているけど、ちょっと入って下さい

よ）。

ムツカシ ［形］難しい。／アンマリ ムツカシ コト イーナマンヤ アタマ イターナッタワ（あまりに難しいことを言うなよ、頭が痛くなったよ）。

ムテカツニ ［副］無理矢理に。モテカツニとも。

メ

メギス （魚名）にぎす。ミギスとも。

メッキタイ （魚名）きだい。鯛の一種。

メッチョ （魚名）すずめがれい。鰈の一種。皮をはいで食す。

メブシ 梅干し。メーブシ、メボシ、ミブシとも。

メモナイ 麦粒腫。メモライとも。金沢ではメモライ。

メロ 女。ミロ、メンチャとも。〈蔑〉※「女郎」の転。メロよりもミロの方が多用される傾向。新井白石著『東雅』には「また妻をメロといふ。」とある。

メンタ 雌。［関連］オンタ（雄）。

メンダイ （魚名）しろかれい。

モ

モジリ 筒袖の着物。

モダク ［五］散らかす。モダカスとも。

モタクサト ［副］もたもたと。モタモタ

ト、ムタムタト、ムタクサトとも。物事の動向や人の態度がはっきりしないことを表わす。／モタクサト ドコ アスンデ アルイトライネ（もたもたとどこを遊んで歩いているのだ）。モタクサト ホッツキアルクナ（もたもたとほっつき歩くな）。

モッタイシャ ［形動］面倒だ。／アーア モッタイシャ（あーあ、面倒だ）。

モテラ ［助］～ごと。／ミカン フクロモテラ タベテ オナカ ナントン ナイカ（蜜柑を袋ごと食べて、おなかがだいじょうぶか）。

モナイ ［形］病気で気分が悪い。モノイ［形］とも。※「物憂い」の転。

モノシャク 定規。物指。〈老〉※「物尺」。

モノスン ［副］物凄く。大変。非常に。モッノスンとも。／アサ モノスン イー テンキ ヤッタンニ ヒドイ アメン ナッタ（朝はとても良い天気だったのに、ひどい雨降りになった）。アノ ニカー モノスン ヤーコカッタネ（あの肉はとても柔らかかったね）。ヒトガ オルノ オランノテ モノスン デッカイ コトノ ヒトデ ヤッタ（人がいるわいるわ、物凄くたくさんの人出だった）。

モノモライ 家々を回って、玄関先にて物乞いをする人。乞食。

モミジコ たらこ。真っ赤に着色したスケトウダラの卵巣の塩漬。※「紅葉子」。［北陸に一般的な言葉］。

モモタ 太股。シチビタとも。

モモツキナイ ［形］非人情な。薄情な。

モン ［修飾する語が付加されぬ場合→モノ］①モン（者）。／イーモン（正義の味方）。ワルモン（悪者）。②モン（物）。／ス

ノモン（酢のもの料理）。タベルモン（食べる物）。ノンモン（飲む物）。ミルモン モッテニ ホシガル（見る物は皆、欲しがる）。アライモン（洗うべき食器や洗濯物）。オッカイモンニ シランヤシ チャント ツツンドイテヤ（贈り物にするのだから、きちんと包んでおいてよ）。③モンデ（形式名詞モン＋デ）（〜だから）。［理由］／アタマ イタイ モンデ（頭が痛いので）。ネツ アルモンデ（熱があるので）。ヤスミナモンデ（休みなので）。④モンヤ（〜ものだ）。［形式名詞モン＋助動詞ヤ］。［強い断定］／シンナンモンヤ（しなければいけないのだ）。［回想・希望・感動］／ダランコト シタモンヤ（馬鹿なことをしたものだ）。ハヨ アイタイモンヤ（早く会いたいものだ）。ヨー シタモンヤ（よくしたものだ）。［「そうすべき」の意］／オーテミルモンヤ（会ってみるものだ）。キーテミルモンヤ（聞いてみるものだ）。［一般的事実］／ダラナ ヒトガ オルモンヤ（馬鹿な人がいるものだ）。シャバニャー ヒドイ コター アルモンヤ（世の中にはひどいことがあるものだ）。

モンツキ　（魚名）じゃのめがざみ。蟹の一種。網を特に激しく切り刻むので、漁師泣かせの蟹。

モンノ　［助］①だからだよ。②〜するし、また〜するし。モンとも。終助詞。①［理由をあげて自分の立場を正当化することを表わす］成人男性はあまり用いぬ。子供たちや若い女性は多くモンの形を用いる。／ワタシ クルマニ ノレンモンノ（私は車に乗れないので）。ナンデ イカンガンヤ。ワタシ イキタナイモンノ（なぜ行かないのだ。

私は行きたくないので）。テッタイ デキンガンカ。ホヤカッテ シュクダイ シンナンモンノ（手伝いできないのか。だって宿題をしなければいけないのだもの）。ヨートルモンノ（酔っているからだよ）。②［状況を並列的に列挙する］／カゼ ヒータラ ネッツァ デル モンノ ハラクダリ シル モンノ セッキャ デル モンノ コッシャ イタナル モンノ フシブッシャ イタナル モンノ ヒドイ コッチャ ワイネ（風邪をひいてしまったら、熱がでるし、下痢をするし、咳がでるし、腰が痛くなるし、関節が痛くなるし、つらいことだよ）。

ヤ

ヤ　［助］〜だ。／ホーヤ（そうだ）。ダラヤ（馬鹿だ）。《接続助詞テ＋終助詞ヤ》テヤ（〜てくれ）。／アロテヤ（洗って）。イッテヤ（行って：言って）。キテヤ（来て：着て）。タベテヤ（食べて）。ノンデヤ（飲んで）。ミテヤ（見て）。ヨンデヤ（読んで：呼んで）。

ヤ　［助］形容詞の終止形＋ヤ→シャ（〜だなあ）。／イソガッシャ（忙しいなあ）。ウレッシャ（嬉しいなあ）。ヤカマッシャ（うるさいなあ）。オトロッシャ（物凄いことだなあ）。ヤラッシャ（嫌らしいなあ）。ダララッシャ（馬鹿らしいなあ）。

ヤーコイ　［形］柔らかい。

ヤイ　［助］〜だい。〜かい。［疑問の助詞］／ココントコ チョーシャ ドーヤイノ（最

近の調子はどうだい）〈老〉〈男〉。

ヤイト　灸。

ヤオチ　［代］彼。あいつ。／ヤオッチャ　イカンガヤ　トイヤ（彼は行かないのだそうだ）。

ヤカレナ　ナオラン　［慣］焼かれねば、直らない。「死んで火葬場で焼かれて灰になるまで、直らない」の意。

ヤキダマ　ビー玉のことで、大根布での呼び方。

ヤクチャモナイ　［形］途方もない。とんでもない。めちゃくちゃな。※「益体もない」の転化。金沢ではヤクチャムナイ。

ヤサシモナイ　［形］けしからぬ。あんまりだ。／ホカ　ヤサシモナイ　ホンナ　コト　イータカイネ（そうか、けしからん、そんなことを言ったか）。

ヤシー　［形］意地汚い。食べ物への執着心が強い。クイケガ　ハットル　［連］とも。※「卑しい」。

ヤシャマゴ　玄孫。やしゃご。孫の孫。ひ孫の子供。新井白石著『東雅』には「玄孫をヤシハコといひしは義不詳。古語にヤと云ひしは、重なるの義なり。シハといひしは繁也。孫子のますます繁多なるを云ひしに似たり。」とある。

ヤッサクル　［五］はりきって行く。無理矢理進む。ヤッサクッテ　ドンツキ（はりきって行ったら突き当たりに当たった）。

ヤッサコンデ　［連］無理矢理に押しのけて。かき分けて。

ヤッチャッカ　［感］やっつけてやろうか。ヤッテヤッカとも。喧嘩をしかける時の言葉。

ヤットコ　［副］辛うじて。やっと。どうにかこうにか。ヤットコマントコ、ヤットコスットコ、ヤットコサとも。ヤットコ、ヤットコサ、ヤットコスットコ、ヤットコマントコの順序で程度が強まる。

ヤッパ　［副］やはり。ヤッパリ、ヤッパシとも。／ヤッパ　ハラ　ヘッタ（やはりおなかが空いた）。ヤッパ　ヤメトッカナ（やはり止めておこうかな）。ヤッパシ　ホー　ヤッタロ（やはりそうだったろう）。ヤッパ　ガンヤッタカ（やはり癌だったか）。

ヤッモド　［副］たくさん。タントとも。※「山ほど」の転化。／シュクダイ　ヤッモド　アルガンヤテ（宿題がたくさんあるんだよ）。ヨンベノ　カゼデ　ギンナンノ　キノ　ハッパ　ヤッモド　オチタ（昨夜の強い風で銀杏の木の葉がたくさん落ちた）。

ヤド　糠味噌（漬物）。ヤドヅケとも。『現代日本語方言大辞典』によると、ヤド又はヤドズケは富山、石川の２県にしかみられぬ。福井ではドブズケ（大阪に同じ）。

ヤド　お参りや会合の集まりの場所となる家のこと。／キャ　ヤド　ドコノチヤイネ（今日は集まりの場所はどこの家ですか）。

ヤナ　［形動］嫌な。／ヤナネー　アメン　ナッタネ（嫌ですね、雨降りになりましたね）。

ヤニメ　流行眼病。

ヤマセ　東の風。漁師ことば。季節をとわずにそう言う。

ヤマノカミ　（魚名）おこぜ。

ヤヤコシ　［形］いいかげんな。

ヤラケル　［一］破れる。

ヤラシ　［形］嫌いな。好かぬ。気に入ら

ぬ。※「厭らしい」。／アノ ヒト ヤラッシャ ヒトノ カオバッカ ジロジロ ミテ（あの人は、嫌だね、人の顔ばかりじろじろ見て）。

ヤリキレン ［連］①身体や心がつらい。②これ以上我慢できない。

ヤロ ［助動］〜だろう。①［推量］／ビョーキヤロ または ビョーキナンヤロ（病気なのだろう）。ダラヤロ または ダラナンヤロ（馬鹿なのだろう）。イカンヤロ（行かないだろう）。コンヤロ（来ないだろう）。ホンナモン タベンヤロ（そのようなものは食べないだろう）。ミンヤロ（見ないだろう）。マダ イキトルヤロ（まだ生きているだろう）。モ キートルヤロ（もう既に聞いているだろう）。②［念をおす確認］／イータヤロ？（言ったはずだが忘れたのか）。イートルヤロ？（だから言っているではないか）。キータヤロ？（聞いたはずだがわからないのか）。キートルヤロ？（聞いているだろう）。コンナモン タベンヤロ？（このようなものは食べないだろうね）。③ヤロイヤ（〜だろうよ）。［決めつけて言う・念を押す］〈男〉／オマン イカレンヤロイヤ（君は行けないだろう）。

ヤワヤワ ［副］そっとゆっくり。／サキニ イッテタイ アトカラ ヤワヤワ アルイテイッサカイ（先に行って下さい、後からゆっくり歩いて行くから）。

ヤン ［助］〜ではないか。〜だ。［ぞんざいな断定的に言い切る言い方］／キャマツリヤン ノンマカ ノンマカ（今日は祭ではないか、飲もう、飲もう）。

ヤンチャ 乱暴なこと。無茶苦茶なこと。［関連］ヤンチャクサイ［形］、ヤンチャコキ 又は ヤンチャモン（乱暴者）、ヤンチャコク 又は ヤンチャ マク［連］［五］（無茶なことをする）。

ユ

ユーエンチ 現在の内灘町向粟崎3・4丁目の区域のこと。※「遊園地」。北陸一の材木商である平沢嘉太郎が創立し、大正14年から昭和19年にかけて「北陸の宝塚」ともいわれた「粟ヶ崎遊園」のあった場所。総面積は6万坪で、千人を収容する大劇場、動物園、子供の国、大浴場、野球場、スキー場、百畳敷の大広間、レストラン、貸し席、貸し別荘、旅館などがあった。質の高いレビューや芝居で粟ヶ崎少女歌劇団が有名であった。新派喜劇や宝塚少女歌劇団の雪組・月組も出演。当時まだ無名だった益田喜頓が「藤井とほる一座」の一員として連日舞台に出演。

ユーチョナ ［形動］悠長な。のんきな落ち着いて気の長い。［気の長い相手を非難する時、言葉の方も短縮したもの］／ホンナ ユーチョナ コト イートル バアイデナイヤロ（そんなのんきなことを言っている場合ではないだろう）。

ユービンサ 郵便配達人。ユービンヤサンとも。

ユーレン 幽霊。※「ゆうれい」の転化。

ユキガンナリ 冬、雪の降る時期に鳴る雷。［関連］イナビカリ（稲妻）、ゴロゴロ（雷）、カンナリ（雷）。※「雪雷」。

ユキドメ 屋根の雪止め。屋根に積もった雪が一度に落ちないように、屋根の数ヶ所につける雪を止める役割のもの。板（コバイタ）葺きや茅葺き屋根の時代には、屋根の両端に材木を横に寝かせて置いたが、瓦屋根では、一部の瓦に雪を止める突起のあるものを用いる。

ヨ

ヨー ［副］①良く。②能く。③非常に。①／ヨー キケマンヤ（しっかり聞けよ）。②／ヨー ヤワ（そんなこと嘘だ）。ヨー ホンナ コト ユーナー（よくそんなことを言うなあ）。③／ヨー シャベル ヒトヤナー（よく喋る人だなあ）。オマンナ ヨー ノンナー（君はたくさん飲むなあ）。

ヨー オマイリ ［連］よくお参りになりました。参詣者どうしがお互いに言う。または寺の者が参詣者に向かって言う。

ヨー コラレタネ ［連］ようこそ、いらっしゃいました。／ヨー コラレタネ。マ ハイッテ ハイッテ（ようこそいらっしゃいました。まあ、どうぞ入って下さい）。

ヨー シマイニ ［副］最終に。

ヨーナイ ［形］申し訳ない。すまない。※「良くない」。［関連］キノドクナ［形動］。／ヨーナヤ ヨーナヤ（申し訳なくて、申し訳なくて）［老］。ホントニ ヨーナイコッチャ（誠にすまない気持ちでいっぱいだ）。何かを頂戴したときなどに アリー ホンナ コト シテモッテカラニ ヨーナイニ（あ

ら、そのようなことをしてもらっては、申し訳ないね）。

ヨー ヤワ ［連］そんなことよく言うな。／ワシャ ナンデーモ デキルガンヤ タイシタ モンヤロ。ヨー ヤワ。（俺は何でもできるんだぞ、たいしたものだろう。よくそんなことが言えるな）。

ヨイワンワ ［連］あきれたことだ。とんでもない。よくそのようなことを言うよ。京都などではヨーイワンワとヨを伸ばして言う。

ヨカ ［助］〜よりも。［比較］／アレヨカ コッチャ マダ マッシャ（あれよりもこちらの方がまだましだ）。

ヨサリ 夜。※ヨ（夜）＋サリ（古語「さる」連用形）。古語「さる」は「〜になる」「〜が来る」の意。全国的に近畿・山形・岐阜・石川・福井・九州など広範囲に分布する。平安時代からの言葉。『枕草子』『竹取物語』にもみられる。

ヨシカカル ［五］寄りかかる。［関連］ヨシカケル［一］。

ヨシカケル ［一］寄りかける。［関連］ヨシカカル［五］。

ヨセテ モロ ［連］［五］訪問させてもらう。ワ行五段活用の変則的活用。／ホノウチ イッペン ヨセテモローワイネ。ホントキャ マタ タノンマイネ（そのうちに一度訪問させてもらうよ。その時はまた頼むよ）。

ヨソー ［五］器に入れる。／ゴハン オカワリ ヨソテー（御飯のおかわりを茶碗に入れて下さい）。オツユ ヨソー（お汁を器にくむ）。ヨソワン、ヨソタ、ヨソー、ヨソト

ヨソサマ

キ、ヨソタラ、ヨソエと変化。

ヨソサマ 他人。他人の家。ヨソサンとも。

ヨッポド ［副］よほど。／ヨッポド ヒマ ナンヤナー アクビ バッカ シトルジー（よほど暇なんだね、欠伸ばかりしているね）。

ヨトギ 通夜。［関連］ウチワヨトギ。※「夜伽」。元は故人の遺体のそばで知人縁者たちが思い出話や仏法に関する話をして、一晩を過ごした。近畿を中心にみられる。

ヨナガ 晩飯。夕食。

ヨノコト 他のこと。※「余のこと」。

ヨーハジメニ ［副］最初に。［関連］ヨーシマイニ［副］。

ヨバレ 御馳走。御馳走の宴に招待されること。オヨバレとも。／コナイダ シンセキノ ヨメドリニ イッテ オヨバレニ オーテ キタワイネ。ケッコナ コッチャッタ デッカイ ゴッツォヤッタゾー（先日、親戚の結婚式に行って、御馳走の宴に列席して来ましたよ。大変たくさんの御馳走だったよ）。

ヨボル ［五］呼ぶ。招く。／ヨボッテ モッテ キノドクナ アンヤト（招待してもらって、有り難う）。

ヨンベ 昨夜。昨晩。※「夕べ」の転。『土佐日記』にもみられる。／サブテ ヨンベ ヨー フルエアガッタ（寒くて、昨夜はとても体がふるえた）。

ラ

ラ ［助］①〜など。〜なんか。②〜たち。

①／キョーラ イー テンキヤガイネ（今日なぞは良い天気だよ）。ワタシラ ホーワ オモワンワ（私なんかそうは思わないよ）〈女〉。②ラッチャ、ラチとも。複数の語尾の意の「ラ」もある。ワレ（お前）→ワンラ または ワンラッチャ や ワラッチャ。ワシラ（我々）、ワシラチ（我々）、ワシラッチャ（我々は）。

ライギョ （魚名）らいぎょ。雷魚。第二次世界大戦中の頃より見られるようになった。食料難のため河北潟に放流したものである。

ラクマツナ ［形動］楽天的な。呑気な。［関連］ラクマットンボ（楽天家）。

ラチャカン ［形］駄目だ。ダチャカン［形］、ラッチャカン［形］とも。※「埒があかん」の転。

ラト 〜に。［形容詞の連用形について、副詞的に用いられる］／オソラト（遅く）、タコラト（高く）、ハヨラト（早く）、ヤスーラト（安く）。

ランパッチャ 床屋。理髪店。散髪屋。

リ

リクツナ ［形動］便利な。素晴しい。感心な。気のきいた。何とも言えず巧みな。［対象にプラスの評価を与える］／リクツナ ヒトヤネ（感心な人だね）。

レ

レーギシラズ ［連］礼儀作法をわきまえぬ者。／オマンモ レーギ シラズナ ヤッチャナ（お前は本当に礼儀を知らぬ奴だなあ）。

レンゾ ［連］〜してはいけないよ。〜ラレンゾとも。［諭すような気持ちを含めた軽い禁止］《五段系の動詞の未然形に付加》／ハヤカラ イカレンゾ（こんなに早く行ってはいけないよ）。ホンナ ヤスモン キレンゾ（そのような安物は着てはいけないぞ）。《一段系動詞の未然形に付加》／ワスレラレンゾ（忘れてはいけないぞ）。タベラレンゾ（食べてはいけないぞ）。ミラレンゾ（見てはいけないよ）。

レンニョサン ①蓮如上人。②蓮如上人御忌法要。〈仏〉

ワ

ワイネ ［助］〜だ。〜するよ。〜でしょ。［関連］ガイネ、ワイ、ワネ、ワイヤ、ウェ。［乱暴な言い方］［きっぱり言い切る。約束。断言］［女性の方が多用］／ヤーワイネ（嫌だよ）。イヤヤワイネ（嫌だよ）。ヤルワイネ（あげますよ）。チャント シタワイネ（確かにしましたよ）。アシタワ ハレヤワイネ（明日は晴れだよ）。ホンナ コト

シルモンナ ダラヤワイネ（そのような事をする者は馬鹿だよ）。モ カエルワイネ コンナトコ ダリャ オルモンカイヤ（もう帰るよ、こんなところに誰が居るものか）。イマ シルワイネ ヤカマシナ（今するよ、うるさいな）。アンナ トコ マダ イッタコト ナイワイネ（あのような所へはまだ行ったことがないんだよ）。

ワカサン 寺院の住職の若い後継者。若院。御新発意。オシンボッツァンとも。※「若様」。

ワガミ ①自分。私。②お前。［関連］ワガナン（自分の物）、ワガンコト（自分のこと）、ワガンチ（自分の家）。※説教でよく用いられる語「我が身」。ワミ、ワーミとも。①／ワガミャ ナンサマヤト オモトランヤロネ チョッコ アタマニ チー ノボットラン ナイカイネ（自分が何様だと思っているのですかね、少し思い上がっているのではないかね）。

ワキガケサン 9字10字の名号。〈仏〉仏教の浄土真宗の仏壇の中で御本尊阿弥陀如来か、または南無阿弥陀仏の名号の両脇にかける掛け軸。御本尊に向かって左側に「南無不可思議光如来」と書かれた9字の名号を、向かって右側には「帰命盡十方無碍光如来」と書かれた10字の名号をかける。

ワタイ ［代］私。［関連］ワタイラ〈女〉（私達）。〈女〉

ワタリガニ （魚名）がざみ。ワタリとも。蟹の一種。ワタリガニ科。甲羅は菱形で左右に長いとげを持ち、はさみ足は強大。浅い海の砂底にすむ。食用。たいてい、鍋物

ワッチャ

か味噌汁に用いる。

ワッチャ ［代］君たち。ワラッチャ、ワラッチ、ワッチとも。

ワテ ［代］私。アテ〈女〉とも。［関連］ワテラ〈女〉（私達）。〈女〉〈老〉〈壮〉

ワナル ［五］大声で叫んで伝える。／マチジュー ワナッテ アルク（町中を大声で知らせて歩く）。「わめく」よりは肯定的、積極的な意味。

ワネ ［接尾］～よ。ワ〈女〉、ワイネ〈女〉とも。［関連］ワイ〈男〉。［断言］〈女〉／ワタシモ イクワネ（私も行くよ）。ヤスカッタシ コレ コーテキタワネ（安かったので、これを買って来たよ）。ニラミ カエシテ ヤッタワネ（睨み返してやったよ）。

ワヤク 冗談。ジョーク。ふざけ。戯れごと。

ワヤクチャヤ ［形動］目茶苦茶だ。むちゃくちゃだ。だいなしだ。※ワヤ＋クチャ（「くたくたになった」の意の接尾語）。

ワ

94

付 録

内灘町方言の主な特徴

○「モッノスン」や「ヤッモド」「オッモッシ」のようにn, mに始まるものの前でもつまって発音される。

○単語を短縮化する傾向

○格助詞「へ」「を」「は」「が」は省略される傾向

○助詞「の」は「ん」になる傾向

○「たち」は「ら」「らち」「らっちゃ」となる

○短音化

【短音化】

丸くなる→マルナル。

温くなる→ヌルナル。

緩くなる→ユルナル。

低くなる→ヒクナル。

赤くなる→アカナル。アコナル。

辛くなる→カラナル。カロナル。

暗くなる→クラナル。クロナル。

遠くなる→トオナル。

近くなる→チカナル。チコナル。

熱くなる→アツナル。

【つまる場合】

借りて来る→カッテクル。

有り難いことや→アリガタイコッチャ。

手伝い→テッタイ。

年寄→トッショリ。

【格助詞の省略】

大根（を）もろたわいね。

おまん（が）言うたやろいや。

金沢（へ）いってきた。

【「ん」となる場合】

すぐに→スンニ。

おまえ→オマン。

【新しい命令形】

昭和50年代以降生まれの者たちの用いる命令形

見れ、見れや

すれ、すれや

食べれ、食べれや

着れ、着れや

かきまぜれ、かきまぜれや

　ただし例外：来い（来る）は「来（く）れ（や）」とは言わない。「物をくれろ」の意と同形になるから。「見れ」「食べれ」の「れ」は、「走れ」「取れ」などラ行五段動詞の命令形の「〜れ」に影響され、一段動詞の「〜ろ」が変化したもの。

【雨に関することば】

オシメリ

キツネノヨメイリ

ゴーウ

コンカアメ
ザーザーブリ
サミダレ
シグレ
シトシトアメ
ジャージャーブリ
ドシャブリ
トーリアメ
ナガアメ
ニワカアメ
ハルサメ
ユーダチ

【雪に関することば】
アッセツ
アラレ
オボタイユキ
カールイユキ
ゴーセツ
コナユキ
サトユキ
サラサラユキ
シンセツ
シンシンユキ
セキセツ
テカテカユキ
ドカユキ
ネユキ
ハマユキ
ビチャビチャユキ
フブキ
ベタユキ
ベチャベチャユキ
ベチャユキ

ボタユキ
ボタンユキ
ミゾレ
モーフブキ
ヤネユキ
ヤマユキ

【頭に関することば】
シラガアタマ
ハゲ
ハゲチャビン
ズベ
テカテカアタマ
カッパアタマ（後頭部の禿げ）
ガッパアタマ
ハンハゲ
デコベ
ツルムケ
ペカペカアタマ

【頭髪に関することば】
オカッパ
シラガ
ヌケゲ
チャパツ（新）
キンパツ
ゴマシオアタマ
モシャモシャアタマ
ボサボサアタマ
チリチリアタマ

【内灘町の魚介類】
《河北潟の魚介類》
アカブナ　きんぶな。鮒の一種。

97

アカメコ　ぼらの一種。

アマサギ　わかさぎ。

アメグリ　あみ（小エビ）。

アメゴリ　あみ（小エビ）。

イササ　はぜ科の素魚（しろうお）。

イサザ　はぜ科の素魚（しろうお）。

ウゴイ　うぐい。石斑魚。

カムルチー　らいぎょ。雷魚。

カワエビ　川の淡水の海老。

カワガン　もくずがに。汽水の蟹の一種。

カワギス　川のはぜ。まはぜ。

キンブナ　きんぶな。

ギンブナ　ぎんぶな。

グロズ　ハゼ科のゴリより少し大きめで
真っ黒な魚。

グロダビ　ハゼ科のゴリより少し大きめで
真っ黒な魚。

グロダンビ　ハゼ科のゴリより少し大きめ
で真っ黒な魚。

ゲンゴローブナ

コイ

ゴリ　鯑。小型のハゼ。

サンサイ　ぼらの一種。

シジミガイ

シロゴリ　白魚。

シロメコ　ぼらの一種。

シロブナ　ぎんぶな。銀鮒。

ソメグリ　白魚。

ソメゴリ　白魚。

ダンビ　ハゼ科のゴリより少し大きめで
真っ黒な魚。

ドジョー

ナマズ

ババガニ　泥蟹。川蟹の一種。

ハリゴ　いとよの仲間。

ボラ

ライギョ　らいぎょ。雷魚。

《日本海の魚介類》

アカイカ

アカ ネジラガレイ　あかしたびらめい。

アカメコ　ぼらの一種。小型種。

イシゴイ　ぼら。

イシダイ

ウマヅラ　うまづらかわはぎ。

オランババ　赤おこぜ。

カタナ　太刀魚。

カレ　鰈。

カワサキ　うまづらかわはぎ。

カワタイ　くろたい。

ガン　蟹。

ガンド　ぶり。鰤。

キンキラ　皮はぎ。

ギンギリボー　水魚。

ギンギンボー　水魚。

ギンゲンボ　水魚。

ゲンゲボー　水魚。

クサフグ

クジタイ　あまたい。

クチカレイ　まがれい。鰈の一種。

クルマタイ　まとだい。鯛の一種。

クロイカ　まいか。

クロカレイ　なめたかれい。鰈の一種。

クロダイ

ゲスクサリ　まいか。

コゾクラ　ぶり。鰤。

コチョ　ぼら。

コッタイ　こしょうたい。鯛の一種。

コーバコ　ずわい蟹の雌。

ササカレイ　やなぎむしがれい。鰈の一種。

サヨリ

サンサイ　ぼら。

シタビラメ　くろうしのした。鰈の一種。

シマダイ

シマネジラ　ネジラガレイの縞のある種。

シロイカ　ぶどういか。

シロカレイ　いしかれい。鰈の一種。

シロゴリ　白魚。しらうお。

シロメコ　ぼらの一種。小型種。

ジャンボイカ　そでいか。

スカレイ　むしかれい。鰈の一種。

ススキ　せいご。

スズキ　せいご。

スルメイカ　まいか。

ゼニマル　ずわい蟹の雌。

セネラ　鰈の一種。

ゼンマル　ずわい蟹の雌。

ゾウリ　くろうしのした。鰈の一種。

タイトト　鯛。

ダゴイカ　甲いか。

タルイカ　そでいか。

チョボ　ぼら。

ドーコイワシ　うるめいわし。

トラフグ

トンボ　とびうお。

ニサイ　ぼら。

ニッシン　ニシン。鰊。

ネジラカレイ　くろうしのした。鰈の一種。

ネズミ　うまづらかわはぎ。

ノドグロ　あかむつ。

バクチ　うまづらかわはぎ。

ハシクズ　小型の魚で10cm程度のサヨリ。

ハチメ　はつめ。

ハネ　せいご。スズキの子。

フクラギ　ぶり。鰤。

ブリ　ぶり。鰤。

ヘソ　えそ。

マイワシ

マダイ

ミギス　にぎす。

メギス　にぎす。

メッキタイ　きだい。鯛の一種。

メッチョ　すずめがれい。鰈の一種。

メンダイ　しろかれい。

モジャコ　ぶり。鰤。

モンツキ　じゃのめがざみ。蟹の一種。

ヤマノカミ　おこぜ。

ワタリ　がざみ。

ワタリガニ　がざみ。

ワラジ　くろうしのした。鰈の一種。

【親族語彙】

ミョウト

オヤ

オヤコ

コ

キョウダイ

マゴ

イトコ

ヒマゴ

マタイトコ

ヤシャマゴ

ハトコ

オトコオヤ⇔ミロオヤ

オトコノキョウダイ←ワガミ→ミロノキョウダイ

ムスコ⇔ムスメ

ウチマゴ⇔ソトマゴ

オトコノマゴ⇔オンナノマゴ

《「兄弟」男・女》

1番目：アンカ（アンサ）⇔アネムスメ

2番目：オッサン（オジマ）⇔ニバンムスメ

3番目：サンバンオジ⇔サンバンムスメ

4番目：ヨバンオジ⇔ヨバンムスメ

末っ子：オトゴ⇔オトゴ（スエムスメ）

【面とむかって呼ぶ時】

オーオジジ⇔ヒーバーチャン（オーオババ）

オジジ⇔オババ

トーチャン・オトッチャン⇔カーチャン

子供以下は名前で呼ぶ

【人称代名詞】

▽1人称

わて・わたい〈女〉（私）

わてら・わたいら〈女〉（私達）

うら〈女〉〈老〉（私）

うらら・うらっちゃ〈女〉〈老〉（私達）

わし（私）

わしら・わしらっち・わしらっちゃ（私達）

こっちゃ・こっとら・こっちとら（私は・我々は）

▽2人称

おまん（お前・君）

おまんら・おまんらっちゃ・おまんらち・おまっち（お前達・君達）

わん（お前・君）

わんら（お前達・君達）

われ・わりゃ（お前・君）

わっちゃ・わらっちゃ・わらっち（お前達・君達）

おどりゃ（お前）

おどれら（お前達）

ほっちゃ（あなたは・あなた方は）

▽3人称

やおち・やおっちゃ（彼・あいつ）

あらち・あらっちゃ（彼ら）

あっちゃ（あの人は・あの人々は）

【言い伝え】

○ヨーサリ　口笛　吹クト　ヘビガ　来ル。

○ヨーサリ　爪切ット　親ノ　死ニ目ニアエン。

○御墓ニ　御骨　入レットキャ　奥ノ方カラ　入レット　次ノ者ヲ　招ク。

○葬式ダシタ年ニャ　味噌　作ッテモ腐ッテシモ。

○生理中ニ　梅干シ　作ット　色ガ　サメテシモ。

○竹ニ　花ガ　咲クト　竹薮ガ　枯レル。

○初七日（または中陰）モ　スマンガニヒトノチ　イクナ。

○葬式帰リニ　手ヲ　アロワント（網につける）柿シブ　イロタラ、クサッロ。

○オ月サンノ　カサノ中ニ　星ガアッタラ、アシタワ　雨フラン。

【はやしことば】

○神戸（コーベ）ノ電車、花（鼻）電車、米原（前腹）通ッテ、チンチンチン。金沢ではこの後「トンネルくぐってブーブーブー」と付け加えた。

○デーブ　デーブ　百貫デーブ　電車ニ轢カレテ　ペッチャンコ。

○オマンノ　カーチャン、デーベーソー。

○ハタバ（機場）ノ　ミロワ　オーチャクデ、チャワンニ　ミズ　クンデ、チャンペ　アロター。

共通語引き索引

あ

愛想のない…………キズイ・アイソンナイ
愛想の無い人………………………アイソナシ
間……………………………アワサ・アイサ
青唐辛子……………………………アオトー
青二才…………………………ションベンタレ
仰向く………………………………アオノク
赤い…………………………………アッケー
赤くなる……………………………アコナル
赤子……………………………ニンニ・ネンネ
赤手蟹………………………………ヒッキ
飽きっぽい………………………アキショヤ
飽きる……………………………アックリスル
あぐら………………………………アグチ
顎（あご）…………………………アゴタ
味がしない…………………………アジナイ
足駄…………………………………アシタ
明日…………………………………アシタ
あそこ………………………………アコ
あそこの家………………アッノチ・アコノチ
遊びの一種…………………………ケンパ
遊びの一種…………………………ダセダセ
遊びの一種………………………ゲタカクシ
遊びの一種…………………………ジントリ
遊びの一種……………………シロトッリャイ
遊ぶ…………………………………アスブ

暖かい………………………………アッタケー
暖かく………………………………コットリ
頭……………………………………オツム
あちら……………………………アッチビタ
暑い…………………………………アッツイ
熱いこと……………………………アチチ
暑い天候…………………………カンカンデリ
厚く…………………………………ゴテゴテ
当てにする…………………………アシメル
後始末の悪い者…………………シリフカズ
あのう、あれです………………アノー、アリヤ
あのまま……………………………アンナリ
危ない………………………………アンナイ
余す……………………アマラス・アマラカス
雨模様………………………………アマケ
雨模様で湿気が多い……………シッタルイ
アメリカシロヒトリ………………アメリカ
有り難う………ゴキミッツァン・アンヤト
あるんだぞ………………………アッライヤ
あれほど……………………………アンダケ
粟ヶ崎町……………………アッチアワンサキ
慌て者………………………………チャワ
あんなに……………………………アナイニ

い

いいえ………………………ナーン・ナモ
いいかげんな……………チャランポランナ

いいかげんな	アテガイナ	陰茎	チンコ・チンチン・チンポ
いいかげんな	ヤヤコシ		
良い目	マイコト		
いくら	ナンボ	**う**	
いくらなんでも	ナンボナンデモ		
居酒屋	ノツミヤ	動かす	イノカス
石ころ	イシナ	動く	イゴク・イノク
意地悪	コンジョワル	うさんくさい	カラクサンナ
忙しい	アシナイ・アセナイ	薄い	ヒラベツタイ
忙しい	アセクラシ	美しい	ウツツシ
忙しく過ごす	アセナースル	うまい	マイ
痛い	イテ	うまく	マイコト・マイガニ
頂	テツペン	梅干し	メブシ
痛めつける	イタメル	裏庭	セド
いたる所	シヤバジユー	羨ましい	キナルイ
一度	イツペン	瓜	カタウリ
一度に	イツトマツコニ	うるさい	イジツカシ・イジクラシ
一人前	イツチヨマイ	嬉しい	ウレツシヤ
一緒に	ソロツト		
一張羅	イツチヨラ		
犬	イン・インココ・インコロ	**え**	
威張る	イサル		
今では	イマダ	永代祠堂経会	シドキヨ
嫌だという意志表示	アツカンベ	偉ぶる	ズコガタカイ
嫌な	ヤナ	えり首	ボンノクビ
嫌味を言う	イゴフク	鉛筆	インピツ
嫌らしい	ザクラシ・ザツカシ		
いらいらと	イリイリ		
いらう	イジクル	**お**	
いらっしゃる	オイデル		
居られる	ゴザル		
入り浸る	ツカル		
いる	オル		
色好み	スケベ	追いかける	ボツカケル

103

追う…………………………ボー	御転婆娘…………オトコミロ・チャンバ
鷹揚に構えて………………ツンマット	男の人達…………………………オトコシ
大きい………………………デッカイ	一昨日……………………………オトツイ
おおげさな………ゾーサナ・カサダカ	大人じみて……………………マシマシト
おおげさな………………タクサンゾナ	驚く………キマツブス・ヒックリカエル
大声で叫んで伝える………………ワナル	同じ………………………………オナシ
大違い………………………………ダンチ	おはようございます………オハヨサン
大馬鹿………デッカイダラ・ダラスケ	お坊さん………ゴンゲンサン・オテラサン
大盛り………………………テンコモリ	お参りすること……………………アン
お菓子………………………マイモン	お参りに行く……………マインニイク
お金…………………………………ジン	お前……………………ワレ・オマン
おかゆ……………………………オカイ	お前は……………………………ワリャ
悪寒が走る…………………オゾケガスル	お前たち…………………………オマッチ
起きること………………………オッキ	おまる……………………………オマッコ
奥様………………………………オイサン	重い………………………………オボタイ
遅らせる……………………オクラカス	面白い…………オッモシ・オモッシ
おごる……………………………オモル	面白くない………ケッタクソワルイ
惜しい……………………………オトマシ	親父……………………トッツァ・トト
御七昼夜報恩講………………オシッチャ	お湯………………………………オブ
おしゃべりの者…………………チャベ	泳ぐ………………………………アビル
お尻………………ゲス・オンドベ	温室育ち…………………オンバヒガサ
お汁………………オツケ・オツユ	温暖で穏やかな…………………ボッコリ
お世辞……………………オベンチャラ	女……………………………………メロ
遅い………………………………ヘシナイ	女の人達…………………………オナゴシ
遅く………………………………オソラト	おんぶ……………………………ボンボ
遅くなる……………………………オソナル	
恐ろしい…………………………オトロシ	
落ち着きがない………………セワシナイ	**か**
落ち着きのない人…………………ガサ	
落葉………………………………コッサ	
落ちる………………………ダンブクツク	か？…………………………………キ
おっちょこちょい………………チョカ	海水着……………………………カイパン
おでき…………デキモン・カタネ	懐中………………………………ホドコリ
お手玉…………………………オジャミ	かいつぶり………………………ガイタリ

104

買う	コー
蛙	ギャワズ
踵	キビス
鍵	シン
掻き出す	カッポジル
がざみ	ワタリガニ
賢い	ハシカイ
風通しがよすぎる	スカスカ
火葬場	カソバ
かたをつける	チョーツケル
肩車	ハツンマ
蝸牛	デンデンムシ
片方	カタッポ
形見分け	ショーブワケ
傾ける	カタゲル
鰹	カッツォ
がっかりする	ゲンナリスル
月忌参り	ジヤク
担ぐ	カタグ・カタネル
勝手なことを言う	ジョンコノイー
勝手にする者	シタイコトシー
河童	ガタロ
角	カドッコ
金沢市	オヤマ
必ず	イヤデモオーデモ
蟹	ガン
鐘	チリン
金持ち	オーヤケ
かまど	ヒッツイ
蒲鉾の板付でないもの	ハベン
神様	カンサン
噛みつく	クラック
紙鉄砲	カンテッポ
紙灯篭	キリコ

雷	ゴロゴロ
火薬	エンショ
かゆい	カヤイ
借りて来る	カッテクル
彼	ヤオチ
蝶	カレ
彼ら	アラッチャ・アラチ
辛うじて	ヤットコ・ドヤラコーヤラ
可哀相だ	イトッシャ
可哀相だな	カワイヤ
可哀相な	イトシ
可哀相に	カワイソゲニ
かわはぎ	カワサキ
頑固な	イチガイナ
頑丈な	ゴッツイ
乾燥しきった	カサカサ
乾燥場	カンソバ
がんばって	セーダイテ
眼病	ヤニメ
がんもどき	ミーデラ

き

気を使う	キーハル
忌明け法要	ショージンアケ
黄色い	キナイ
気がもめる	シャモメル
危機一髪	スンデノコトデ
帰敬式	オカミソリ・オカンソリ
気障な	キザナ
気障っぽい	キザッタラシー
きずし	シメサバ

105

気ぜわしくすること	セカセカ	くまで	コマザライ
汚い	バッチー	組合	クンミャイ
貴重な	ダイマイナ	口惜しい	ハギシ
来て下さい	イラッシ	狂った	イクシトル
昨日	キンノ	くれ	クタイ
気の狂った者	シンキ	くれよ	マン
茸	コケ	くれる	イクス
気色	キーキ	苦労して	クンズネンズ
君	ワン	くろ鯛	カワタイ
君たち	ワッチャ		
決める	キミル		
着物	モジリ・キモン・バーコ		
脚立	ケタツ		
灸	ヤイト		

け

ぎゅうぎゅうだ	キチキチヤ
急須	キッショ
今日は	キャ
切り落とす	ハツル
金花糖	キンカント

計算	サンニョ
軽薄な	チャラチャラ
軽蔑する	ミトニスル
痙攣	コブラガエリ
怪我	イタイイタイ・アイタタ
怪我	アヤマチ
けしからぬ	ヤサシモナイ
消し炭	ケシゴ
下水	エンゾ
下駄	カッポリ
けちな	セコイ・チンビリナ
結構です	ダンナイ
結構な	イークライヤ
けなす	コキオロス
下品なこと	ハスワナ
煙い	キッタイ
毛虫	オコジョ
元気な	バリッキャアル・ソクサイ
見当違いですよ	ハバカリサン
兼六園	コーエン

く

具合が悪い	サンニョワルイ
臭い	クセ
腐ったような臭いがする	ニグサイ
くしゃみ	ハクシャ
ぐずぐず	チンタラ
くすぐったい	コソガシ
くすぐる	コソガス
下さい	クタンシ・タイ
くっつく	ヒッツク
くどくどと言う	ゴタクナラベル

こ

合格する…………………………カカル
交換……………………………カエッコト
香合……………………………オコーイレ
洪水になる………………オーミズガック
肥桶……………………………タゴキ
声をあげて泣くこと……………エンエン
沙蚕（ごかい）………………アカダ
小刀……………………………マキリ
黄金虫……………………………カナブン
ゴキブリ…………………………アブラムシ
濯ぐ………………………………イッスグ
こけ脅し…………………………コキオドシ
午後……………ヒンマカラ・ヒッカラ
ございます………………………ゴザイミス
こすりつける……………………ニジル
午前……………………………ヒンマイ
炬燵……………………………オコタ
こだわること……………………コセコセ
御馳走…………………ゴッツォ・ヨバレ
ごちゃ混ぜ………………………イッショクタ
こちら……………………………コッチビタ
滑稽な……………………………ヘーロクナ
こと………………………………コ
事細かに…………………………ツマツマト
異なること……………テンデンバラバラ
子供………………………………ガキ
子供さんたち……………………オコタチ
小さい子供………………………チンタベ
小糠………………………………コンカ

この家……………………………コノノチ
このまま…………………………コンナリ
このやつ…………………………オドリャ
このやろー………………………クサン
このように………………………コナイニ
御飯………………………………ママ
瘤…………………………………タンコビ
ゴボウ……………………………ゴンボ
こぼす……………………………カヤス
御本山御座………………………ゴンザオザ
細かい……………………………コマコイ
困った……………ミンドナ・バッカイナ
ごみため…………………………ゴンタミ
こらあ……………………………コリャー
来られる…………………………オイデル
鮴…………………………………ゴリ
ご立派な…………………………イサドクラシ
これで……………………………コンデ
これ程……………………………コンダケ
壊れる……………………………コワケル
今度………………………………コンタビ
こんにちは…………マイドサンアンヤト
棍棒………………………………バイタ
混乱状態…………シッチャカメッチャカ

さ

最終に……………………………ヨーシマイニ
最初………………………………ショッパナ
最初に……………………………ヨーハジメニ
逆さま……………………………サカシマ
左義長……………………………ドントサイ

先程……………………サッキ
先程から……………………サッカラ
昨夜……………………ヨンベ
裂け割れる……………………ササクレダツ
座敷……………………オイ
差し迫る……………………イキアタル
刺身……………………ツクリ
さっと……………………チャット
里芋……………………イモノコ
里帰り……………………チョーワイ
座布団……………………オザブ
ざまあみろ……………………バッチャ
寒い……………………サブイ
さやいんげん……………………サンドマメ
さようなら……………………サイナラ
サヨリ……………………ハシクズ
ざる……………………ソーケ
猿股……………………サンマタ
騒がしい……………………コッサワガシ
騒がしくする……………………ガサック
触る……………………イロ
残酷な…………セッショーナ・アンマリヤ

し

塩辛い……………クドイ・ショクドイ
塩気がない……………………ションナイ
しか……………………ハンカ
仕方がない……………………ショモナイ
叱る……………………ドヤス
醜女……………………ヘチャムクレ
資産……………………シンショ

資質……………………タチ
沈み込む……………………ゴボル
自説を引き下げない……………………ゴネル
シーソー……………ギッコンバッタン
舌をちくちく刺す……………………シタサス
自宅通夜……………………ウチワヨトギ
したらば……………………タラ
しっかりと……………………チャント
しつこい……………ヒツコイ・ネチッコイ
じっと動かずに……………………チント
しなければならない……………………センナン
しろよ……………………カイヤ
次男……………………オジマ・オッサン
死ぬ……………………ゴシムク
地引き網漁……………………ジビキ
渋を抜くこと……………………サワス
自分……………………ワミ・ワガミ
終いには……………………アゲクニ
始末……………………マタジ
しまった……………バラシタ・シモタ
自慢する……………………ジマンコク
清水……………………ショーズ
地味な……………………ジジムサイ
じめじめ……………………ジメート
霜やけ……………………シンバリ
しやがる……………………サラス
斜視……………………ヒンガラメ
喋りまくる……………………クッチャベル
杓文字……………………シャモジ
醜態……………………ザマタレ
十能……………………センバン
主人……………………オヤッサマ
数珠……………………オズズ
主婦……………………カカ

女陰…………………………チャンペ	すっきりした…………………………サッパリ
しようがない………………シャーナイ	すっとすること…………………………セーセー
定規…………………………モノシャク	酢っぱい……………………………………スイ
正真正銘………ウソモカクシモセン	素っ裸…………………………スッポンポン
冗談…………………………ワヤク	捨てる………………ホラカス・ホカス
祥月命日……………………タチビ	全て…………………………ナモカモ
聖徳太子御忌法要……………タイッサマ	滑って転ぶ…………………トッスベル
小便………チー・ションベン・シー	すまし汁…………………………オスマシ
鐘楼堂………………カネツキドー	隅……………………………………スマ
如才のない…………………ジョンナ	すみません……カンニン・スンマセン
女性…………………………ニャーニャ	する…………………………シル・コク
女中………………ナカイ・ベヤサ	ずるい……………………………………グス
しょっちゅう………………イツンカモ	するそうです…………………ガンヤテ
汁……………………………………シタジ	すると………………………サ・サナ
じれったい…………………シンキクサイ	するよ……………………………………マイネ
白魚………………………シロゴリ	座る………………ニマル・ネマル
新鮮なこと…………………キトキト	座ること…………………………オッチャン
新品…………………………………サラ	
新発意………………オシンボッツァン	
信用できない………………イーカゲンナ	**せ**
親鸞聖人……………………ゴカイサン	
親類………………………………インジャ	
	性交……………………………………ビビ
す	正座…………………………オンナニマリ
	生長する…………………………フトル
	正反対………………アッチャコッチャ
	背負う………………カズク・オブル
空いている様………………ガラガラ	咳………………………………コンコン
末っ子………………………コッパオジ	赤飯……………………………アカママ
直ぐに…………………………スンニ	節約……………………………………シマツ
少し………チョッコシ・チビント	せわしい………………………イソガシ
少し………チビット・チョビンコ	線香…………………………………シンコ
少し……………………………チョビット	先日…………………………………センド
進めること…………………ゴリオシ	先生…………………………………シンシ

全然……………サッパリ・テオーラト
全然……………………テント
先日……………………コナイダ
全部……………………アッタケ

そ

そう………………………ホ
そうしたら……………ホシタラ
そうすると……………ホースット
そうだから……………ホンジャシニ
そうです…………ホヤ・ホイガヤ
そうですか……………ホーケ
底抜け……………ジャージャモリ
そしたらね……………テンテ
そして…………………ホシテ
そっぽを向く…………カチムク
外………………………カイド
供え物…………………オケソク
その通りだ……………オイヤ
そのまま………………ホンナリ
粗末な…………オゾイ・ガッサイ
それだけ………………ソンダケ
それで…………………ホンデ
それでは………………ホンナラ
それでも………………ホンデモ
それなら………………ソンナラ
それは…………………ホリャ
そろそろ………………ボチボチ

た

だ……………ヤン・ワイネ・ヤ
鯛……………………タイトト
だい……………………ヤイ
大丈夫………ジャマナイ・ナントンナイ
台所……………………ナガシマイ
大便……………………オンコ
大変……………………モノスン
大変だ………アマイコトナイ・ダイバラ
大変だ……………タイテーデナイ
大変だ…………ダイソド・バラ
太陽……………………オヒサン
倒す……………コロバス・コカス
だから…………シ・ヤシ・ダシ
だから………ヤサカイ・サケニ
だから…………………モンデ
抱きかかえる…………ダカエル
抱くこと………………ダッコ
たくさん………アイソラシ・タント
たくさん………デッカイコト・ヤッモド
たくさんある…………オーキラシ
たくわん漬……………コーコ
沢庵漬けの煮物………オココノタイタン
竹馬……………………タケンマ
竹筒……………………ボンボラ
たじろぐ………………ビビル
だそうだ………………トイヤ
駄賃……………………オテマ
立つ……………………タチル
田作……………………ゴマメ

だって………………………………	ホヤカテ
たっぷり…………………………	タンブリ
たっぷりと………………………	タンブット
立て花……………………………	タチバナ
だねえ……………………………	ジー
度…………………………………	タンビ
多忙………………………………	コンサツ
多忙にして過ごす………………	アセクル
駄目だ……………………………	ダッミャ
駄目な………… ダチャカン・ラチャカン
駄目になる………………………	イカレル
貯める……………………………	シンガイスル
だよ………………………………	テ
たらこ……………………………	モミジコ
だらしない………………………	ジダラク
だるい……………………………	ダヤイ
だろう……………………………	ヤロ
だろうよ…………………………	ヤロイヤ
団子………………………………	ダゴ

ち

小さい………… チンチャイ・チンコイ
小さくじっと……………………	チョボント
違う………………………………	チゴ
近頃………………………………	キョウビ
父親………………………………	テテゴ
中途半端な………………………	ハンチャボ
帳消し……………………………	チャラ
丁度………………………………	チョッキリ
長男………… アンカ・アンチャン

つ

ついには…………………………	シマイニ
杖…………………………………	ツイボ
使う………………………………	ツコ
つかむ……………………………	ニガム
疲れてだるい……………………	タイソイ
疲れた……………………………	テキナイ
土筆………………………………	ツクシンボー
作る………………………………	コサエル
漬け菜……………………………	オコモジ
常に………………………………	シンジュー
つねる……………………………	チミル
つねること………………………	チミチミ
唾…………………………………	ツバキ
妻…………… ジャーマ・オカカ
つま………………………………	ケン
つまらない………………………	クサッタ
つむじ……………………………	チリ
冷たい……………………………	チビタイ
通夜………………………………	ヨトギ
強い………………………………	キッツイ
つらい………… ヒドイ・ヤリキレン
つらら………… ツンツンタルキ

て

手…………………………………	テテ
手洗い鉢…………………………	チョーズバチ

111

亭主…………………………………オトト
ていて………………………トッテ・テテ
ている………………………………トル
ていろ………………………………トロ
ておけ………………………………トコ
でさえ………………………………カッテ
てしまう…………………………テシモ
ですか…………………………………ケ
ですよ………………………トコ・トコト
ですよ………………………ウェー・ガイネ
手伝い………………………………テッタイ
手伝う………………………………テットー
徹底的に…………………コテンコテンニ
徹底的に……………………コテンパン
手ぬぐい…………………………テノゴイ
出刃包丁………………………サバボーチャ
手盆…………………………………テボン
出前料理……………………………テンヤモン
手招きすること……………オイデオイデ
手間のかかる……………………セワナ
てらっしゃい……………………テラッシ
電車……………………………………キシャ
電柱……………………………デンシンバシラ

と

という…………………………………チュー
と言って……………………………………テテ
トイレ……………………カンショ・ハバカリ
トイレットペーパー…………ベンジョガミ
銅…………………………………アカガネ
どういたしまして……………イカナテテ

唐辛子…………………………………ナンバ
胴着……………………………………ドンド
どうしようもない…………バッカイナラン
同程度………………………チョボチョボ
燈明…………………………………オヒカリ
とか……………………………………タラ
時々…………………ヒョツンヒョツント
どこでも……………………………ドコンカ
所………………………………………トコ
ところで……………………ホリャホート
年寄…………………………………トッショリ
とっくに…………………………………トーニ
突然に…………………………………ヒョツント
とても..な。……………………………コ
どのように……………………………………ド
途方もない……………………ヤクチャモナイ
乏しい……………………………………タシナイ
土間…………………………………タタキ
穫れ盛り…………………………シュン
どれ程……………………………ドンダケ
泥蟹……………………………………ババガニ
どろどろに………………グチャグチャヤ
泥棒……………………………………ヌストコキ
どんじり………………………………ゲッペ

な

内蔵……………………………………ダッコ
なおさら…………………………ナオカデ
なかった……………………………ナンダ
長葱…………………………………ネッカ
泣き出しそうな顔………………ナキミガオ

泣き出しそうな声……………ナキミゴエ
泣き出しそうな顔になる…………ミミル
泣く……………………………ゴナル
無くなる……………………オシナケル
亡くなる………………………ノーナル
なぐりつける…………………ナグッツケル
なさる…………………………シャル
なさる…………………………マサル
茄子……………………オナス・ナスビ
何故……………ナンヤテ・ナンシニ
なぞは……………………………ラ
撫でる…………………………ナゼル
など………………………ナンゾ・ナンザ
何気なく………………………ナンゾゲニ
何もないけれど…………ナンモナイケド
何やかや………………………ナンヤカンヤ
なので…………………………トコロガ
なのですよ……………………チャ
生臭料理………………………ナマンサ
怠け者………ナマクラモン・ドーラクモン
怠ける…………………………ズルケル
涙が出そうになる…………チョチョギレル
なめくじ………………………ナメクジリ
ならば……………………サイニャ・サ
何だって………………………ナンヤテー
なんとかして……………………ドーカシテ

に

似合う……………………………ウツル
匂い………………………………カザ
賑やかな…………ニッギャシ・ニンガシ

握り飯…………………………オニギリ
憎らしい……コニクラシー・ツラニクイ
滲む……………………………ジジム
鰊………………………………ニッシン
日中……………………………ヒザナカ
煮る……………………………タク
庭下駄…………………………コマゲタ
鶏………………………………コケコッコ

ぬ

ぬかす…………………………コカス
糠味噌…………………………ヤド
抜け目がない…………………スストイ

ね

ね………………………………ニ
根………………………………ネッコ
猫………………………………ニャンコ
寝そべる………………………ナゴナル
ねたましい……………………ヒンガイシ
熱中する………………………ガメニナル
眠い……………………………ネブタイ
捻挫する………………………グニル

113

の

能力がない……………………カイションナイ
のか？………………………………ン？
のかい…………………………ガン？
退く…………………………………ドク
除く………………………………ヌカス
のだ………………………………ガヤ
のだから…………………………トッテ
のっぺらぼう………………ズンベラボー
のでしたら……………………ガンナラ
のろい……………………………タルイ
のろまな…………………………トロイ
のんびりと……………………ノンビット

は

は……………………………………ナ
はい………………………………ホイ
はい………………………………オン
配偶者………………………ソイアイ
蠅…………………………………ハイボボ
馬鹿…………オタンコナス・アンポンタン
馬鹿……………………………ダラ
はかどる…………………………ハカイク
馬鹿らしい…………トトナン・ダラクサイ
馬鹿らしいこと………………ダララシ
ばかり……………………………バッカシ
薄情な……………ドクショ・モモツキナイ

白癬…………………………………ガッパ
麦粒腫……………………………メモナイ
禿…………………………………パゲ・ズベ
箸…………………………………オテモト
はしゃぎ過ぎる………………ガサオコス
走る………………………………カットバス
恥かしいことをする者………ゴーサラシ
蓮っ葉な…………………………オード
はずれ…………………………………スカ
はぜ……………………………カワギス
機織り工場………………………ハタバ
働き者の………………………ハバシー
ばつ印……………………………ペケ
派手好みの人……………………ハデコキ
婆々………………………………バーマ
はびこる…………………………ハチコル
はまぼうふ……………………ボーフ
早く………………ハヨラト・ハヨ
早くに…………………オハヤバヤト
はらいせ…………………………アタクソ
針槐………………………………アカシャ
張子………………………………ハリボテ
晴れ着……………………………べべ
腫物………………………………オデキ
反抗する………………………ハンゴムク
煩雑な状態の……………………ムタムタ
半煮え……………………………ミッコ
晩飯………………………………ヨナガ

ひ

ぴかぴかな………………キンキラキン

ひきがえる…………………………ガマ
引き抜く……………………………コグ
日暮れ………………………………ヒガクレ
額……………………………………コベ
引っ掻く……………………………クジル
ひどい目……………………………エライメ
ひどく………………………………カチ
ひとつ………………………………イッピキ
紐……………………………………ヒボ
費用…………………………………ゾーヨ
病気で気分が悪い…………………モナイ
ひょっこりと………………………ヒョコント
平たい………………………………ペッタルイ
昼……………………………………ヒンマ

ふ

無愛想に……………………………カチツケテ
無遠慮にいう人………………イータイコトイー
河豚の頭の糠漬……………………ホーラ
ふざけて遊び騒ぐ…………………アダケル
ふざけて、はしゃぐ………………キザケル
普通は………………………………タイガイ
仏花の一種…………………………ツカンバナ
ぶつかること………………………ゴッツンコ
ぶつける……………………………カツケル
仏飯…………………………………オボキサン
太股…………………………シチビタ・モモタ
蒲団…………………………………フトギ
不憫で可哀相な………フンジュ・キノドク
冬季…………………………………カンノチ
風呂…………………………………ダンダ

分家…………………………………アジチ

へ

へそくり……………………………シンガイジン
ぺった………………………………カッタ
別だ…………………………………ベッチャ
反吐…………………………………ゲー
弁償する……………………………マドー
変な……………………………ケツナ・ムサイ
便利な………………………………リクツナ

ほ

報恩講………………………………ホンコサン
放っておく…………………………ホッチャラカス
訪問させていただく………………ヨセテモロ
坊や…………………………………タンチ
暴利をむさぼる……………………ボッタクル
放る…………………………………ホル
吠える………………………………オドス
他のこと……………………………ヨノコト
干した小鰯…………………………カイブシ
細帯…………………………………ホソグリ
保存しておく………………トットク・シモトク
程がある…………………………ニモコトカイタ
仏様…………………………………ナンナ
骨……………………………………オシャリサン
頬……………………………………ホベタ
ボラ…………………………………イシゴイ

115

ほろくそに……………ボロノチョンノト
本家……………………………オモヤ
本堂……………………………オミド
ぼんやりと………ボヤット・ポカント

ま

まあ……………………………マン
毎日いつでも…………ヒニチマイニチ
前………………………………マエカタ
前掛け…………………………マイカケ
薪………………………………バギ
まくわ瓜………………………ミノウリ
負けること……………………イチコロ
ました…………………………ミシタ
ましょう………………………マイカ
ます……………………………ミス
混ぜあわせた状態……………ゴチャマゼ
混ぜあわせる…………………アゼカエス
ませた…………………………ヒニッカシ
ませんか………………………マサンカ
松かさ…………………………マツボックリ
マッチ…………………………ハヤツキン
的はずれな……………………ハンカクセー
まとまっている………コジンマットシタ
丸ごと共に……………………モテラ
まるで…………………………マンデ
丸呑みにすること……………グットノミ

み

見栄っ張り……………………イーカッコシー
見事な…………………………マソイ
短い様…………………………チンチクリン
水飴……………………………ジロアメ
水魚……………………………ギンギンボー
みずおち………………………ミズオチ
溝（みぞ）……………………ドボス
皆………………………………インナ・ナ
みっともない…………………ミットンナイ
妙な……………………………ヘンチクリン

む

むかご…………………………ニカゴ
むくい…………………………オコタリ
むごいこと……………アンマリシタコト
難しい…………………………ムツカシ
無茶苦茶な……………………ヤンチャ
無我夢中になる………………ガッパニナル
無頓着な………………………イーキナ
胸苦しい………………………イキドーシー
無能力者………………………カイショナシ
村………………………………ブラク

め

命日……………………ショーツキ
めいめいに…………………テンデンニ
迷惑な………………オシキセガマシー
飯びつ………………………オヒツ
雌……………………………メンタ
目茶苦茶………グシャグシャ・ワヤクチャ
面倒くさい…………………ジャマクサイ
面倒だ………………………モッタイシャ
面倒な………………………タイソナ

も

もたもたと…………………モタクサト
もったいない………………アッタラモン
もっと………………………マット
もらう………………………アタル
漏らす………………………チビル
門主の奥方…………………オウラサマ

や

夜警…………………………バンタル
易しい………………………チョロイ
玄孫…………………………ヤシャマゴ
安物………………………ジュッセンミセン

安っぽい……………………チャチ
厄介になる…………………ゾーサカケル
奴だ…………………………ナヤッチャ
やはり………………………ヤッパ
破れる………………………ヤラケル
止む…………………………オサマル
やめる………………………オク
柔らかい……………………ヤーコイ
やんちゃな…………………キカン
やんわりと…………………シナシナト

ゆ

幽霊…………………………ユーレン
歪む…………………………イガム
雪が静かに降る様…………コンコン
ゆき過ぎな…………………ガンコ
揺する………………イサブル・イブル
ゆっくりと…………………ジックット
ゆったりと…………………インギラット
茹る…………………………ウデル
揺れる………………………イブレル

よ

良い…………………………カタイ
良い目にあった……………ショーブシタ
ようだ………………………クセ
幼稚な………………………オボコイ
よく…………………………チョコチョコ

117

良く……………………………イーガニ	れっきとした…………………………バリバリノ
余計なこと……………………イランコト	裂傷……………………………………カマイタチ
呼ぶ……………………………ヨボル	連珠……………………………………ゴナラベ
よほど…………………………ヨッポド	蓮如上人………………………………レンニョサン
嫁………………………………アネサ	
嫁に行かぬ独身………………イカズゴケ	
寄りかかる……………………ヨシカカル	
寄りかける……………………ヨシカケル	
夜………………………………ヨサリ	
よろしく………………………オユルッシュ	

ろ

老女……………………………オババ
老人男性………………………オジジ
六地蔵…………………………ジゾサマ

ら

らしい…………………………タラシー
らしくて………………………コソニ

わ

り

わあ……………………………アッラ
賄賂を使う……………………アメネブラス
若院……………………………ワカサン
わかさぎ………………………アマサギ
湧水……………………………ミト
忘れる…………………………コロットワスレル
私………………………………ワテ・ウラ
私は……………………………コッチャ
笑い上戸………………………ゲラ
我々は…………………………コットラ

力む……………………………キバル
理屈……………………………ゴタ
利口な………………コーシャナ・ハツメーナ
立派な…………………………イサドイ
立腹する………ハラワタ、ニークリカエル
料理……………………………ゴゼン

れ

冷水……………………………オヒヤ

ご協力いただいた方々
（50音順）

《方言に関して》

浅田ひろみ	塩川勇	橋本明道
夷藤憲三	島野とめ	藤島智浩
夷藤信夫	中宮外茂枝	藤田賢英
夷藤芳夫	根来菊次	本出弥治則
岡田俊英	根来親子	吉野優
喜多竹雄	根来守	米田隆一
喜多美紀	根来勇吉	米永竹男

《アイヌ語に関して》

本田優子（札幌大学教授）

《資料提供》

瀬尾新

主な参考文献

『内灘郷土史』（中山又次郎、1963、内灘町役場）

『石川県方言彙集』（石川県教育会、1975、国書刊行会）

『方言学の方法』（藤原与一、1977、大修館書店）

「全国方言基礎語彙辞典の構想」（平山輝男、1978、三省堂、『日本方言の語彙』）

『アイヌ語よりみた日本地名新研究』（菱沼右一、1982、第一書房）

『和愛・愛和 アイヌ語辞典』礒部精一、1981、北海道出版企画センター、アイ
　ヌ資料集補巻）

『内灘町史』（内灘町史編さん専門委員会、1982、内灘町）

「岐阜県の方言」（加藤毅、1983、国書刊行会、『講座方言学6中部地方の方言』）

「富山県の方言」（下野雅昭、1983、国書刊行会、『講座方言学6中部地方の方
　言』）

「石川県の方言」（川本栄一郎、1983、国書刊行会、『講座方言学6中部地方の方
　言』）

「福井県の方言」（佐藤茂、1983、国書刊行会、『講座方言学6中部地方の方言』）

「方言辞典」（和田実、1984、国書刊行会、『講座方言学2方言研究法』）

「比較方言学」（金田一春彦、1984、国書刊行会、『講座方言学2方言研究法』）

『続・国語語源辞典』（山中襄太、1985、校倉書房）

『石川のわらべ歌』（小林輝冶、1986、柳原書店）

『日本方言大辞典』全3巻（1989、小学館）

『方言の読本』（佐藤亮一監修、1991、小学館）

『京ことば辞典』（井之口有一・堀井令以知、1992、東京堂出版）

『現代日本語方言大辞典』（平山輝男編著、1993、明治書院）

『京都ことば会話』（編集工房かしゃ、1994、㈱データハウス）

『京ことばまめ辞典』（加納進、1994、京都の史跡を訪ねる会）

「頑張りまっし金沢ことば」（1994、「北國新聞」朝刊連載）

「石川県能美郡川北町の生活　第四章　言葉」（加藤和夫、1995、川北町、『川北
　町史』）

『頑張りまっし金沢ことば』（北國新聞社編集局編、1995、北國新聞社）

「隠れた方言コンプレックス」（加藤和夫、1995、大修館書店、『月刊言語』別冊、第24巻12号『変容する日本の方言』）

『萱野茂のアイヌ語辞典』（萱野茂、1996、三省堂）

『ワガ°ミのことば辞典』（中島桂三、1996、自家版）

『エクスプレス　アイヌ語』（中川裕・中本ムツ子、1997、白水社）

『新 頑張りまっし金沢ことば』（加藤和夫監修、2005、北國新聞社）

監修者略歴

加藤和夫（かとう・かずお）

1954年福井県武生市（現越前市）生まれ。東京都立大学大学院修了。東京都立大学人文学部助手、和洋女子短期大学講師、助教授を経て、1991年金沢大学助教授。2002年同教授。2014年金沢大学人間社会学域国際学類長。2011年金沢市文化活動賞。専攻は日本語学（方言学）、社会言語学。

著者略歴

藤島学陵（ふじしま・がくりょう）

1948年石川県河北郡内灘町向粟崎生まれ。東北大学大学院修了。真宗大谷派蓮徳寺住職。

加賀・能登アイサの生活語辞典

2016年2月24日発行

監　修　　加藤和夫
著　者　　藤島学陵
制　作　　能登印刷出版部
　　　　　〒920-0855　金沢市武蔵町7番10号
　　　　　TEL（076）222-4595　FAX（076）233-2559

印刷・製本　能登印刷株式会社

Ⓒ Gakuryou Fujishima　2016 Printed in Japan